艺术体育
高校学术研究论著丛刊

体育产业市场建设及其竞争力研究

徐金庆　高洪杰　著

中国书籍出版社
China Book Press

图书在版编目(CIP)数据

体育产业市场建设及其竞争力研究/徐金庆,高洪杰著. --北京:中国书籍出版社,2020.7
ISBN 978-7-5068-7900-2

Ⅰ.①体… Ⅱ.①徐… ②高… Ⅲ.①体育经济学－产业经济学－研究 Ⅳ.①G80-052

中国版本图书馆 CIP 数据核字(2020)第 117666 号

体育产业市场建设及其竞争力研究

徐金庆　高洪杰　著

丛书策划	谭　鹏　武　斌
责任编辑	成晓春
责任印制	孙马飞　马　芝
封面设计	东方美迪
出版发行	中国书籍出版社
地　　址	北京市丰台区三路居路 97 号(邮编:100073)
电　　话	(010)52257143(总编室)　　(010)52257140(发行部)
电子邮箱	eo@chinabp.com.cn
经　　销	全国新华书店
印　　厂	三河市德贤弘印务有限公司
开　　本	710 毫米×1000 毫米　1/16
字　　数	265 千字
印　　张	14.75
版　　次	2021 年 10 月第 1 版
印　　次	2021 年 10 月第 1 次印刷
书　　号	ISBN 978-7-5068-7900-2
定　　价	72.00 元

版权所有　翻印必究

目　录

第一章　绪论 … 1
第一节　研究背景、目的及意义 … 1
第二节　研究内容与方法 … 4
第三节　国内外研究现状 … 8

第二章　发展概况——我国体育产业及市场建设情况 … 12
第一节　体育产业的形成与发展 … 12
第二节　体育产业的发展现状 … 18
第三节　体育产业市场发展前景 … 28

第三章　发展之钥——体育产业及市场发展理论 … 31
第一节　体育产业理论 … 31
第二节　体育市场与体育消费者行为 … 35
第三节　体育产业市场运营与管理理论 … 46

第四章　发展保障——体育产业结构、组织与政策 … 74
第一节　体育产业结构优化 … 74
第二节　体育产业组织建设 … 93
第三节　体育产业政策建设 … 103

第五章　发展核心——体育产业核心层的经营与管理 … 118
第一节　体育场馆的经营与管理 … 118
第二节　体育赛事的经营与管理 … 132

第三节　职业体育俱乐部的经营与管理 ………… 139

第六章　发展辅助——体育产业外围层及相关层的经营与
　　　　　管理 ……………………………………… 144
　　第一节　体育用品业的发展与管理 ……………… 144
　　第二节　体育彩票业的发展与管理 ……………… 151
　　第三节　体育传媒业的发展与管理 ……………… 155
　　第四节　体育广告业的发展与管理 ……………… 159
　　第五节　体育赞助业的发展与管理 ……………… 164
　　第六节　体育经纪服务业的发展与管理 ………… 171

第七章　发展主流——竞技体育产业与休闲体育产业市场
　　　　　的建设与发展 …………………………… 176
　　第一节　竞技体育产业市场的建设与发展 ……… 176
　　第二节　休闲体育产业市场的建设与发展 ……… 184
　　第三节　体育产业市场发展个案——体育旅游产业
　　　　　　市场建设 ……………………………… 197

第八章　发展动力——体育产业市场创新与竞争力的提升 … 212
　　第一节　体育产业市场的创新驱动机制 ………… 212
　　第二节　体育产业市场创新发展思路 …………… 218
　　第三节　体育产业市场竞争力及影响因素分析 … 220
　　第四节　体育产业市场竞争力提升的策略 ……… 224

参考文献 ……………………………………………… 226

第一章 绪 论

体育产业市场如何培养与发展,如何在现有的发展水平上更进一步,争取在最短的时间内赶上发达国家,这是摆在我国体育产业面前的一个重要研究课题。加强体育产业及市场发展的研究,提高体育产业市场的竞争力是我国体育事业工作者及普通人民群众都非常关心的问题。本章就对此做出细致深入的研究与分析。

第一节 研究背景、目的及意义

一、研究背景

发展至今,体育产业已成为我国新的经济增长点,被列为六大消费增长点之一,对于国民经济的发展起到了重要的推动作用。习近平总书记在2017年8月27日会见全国体育先进单位和先进个人代表时强调:体育承载着国家强盛、民族振兴的梦想。体育强则中国强,国运兴则体育兴。因此,我们要非常重视体育事业的发展,要将体育事业当作一项重要的使命,这是实现中华民族伟大复兴的重要步骤。

2017年,党的十九大在北京召开,习近平总书记在本次大会的报告中指出,当前我国社会主要矛盾已经转化为人民日益增长的美好生活需要和不平衡不充分的发展之间的矛盾。为促进我国体育产业的进一步发展,国务院也相继出台了一系列文件。由此可见,体育产业的发展受到党和国家领导人的高度重视。体育产业属于第三产业,与其他产业相比,体育产业具有能耗低、污染小、经济价值高等方面的优势,因而逐渐成为我国经济发展的重要推动力。其发展不仅能提高国民经济水平,还能丰富人们的精神文化生活。在《"健康中国 2030"规划纲要》中也有关于体育产业发展的描述,如明确提出进一步推动我国体育健身休闲产业的发展,为广大人民群众提供丰富的、高质量的体育产品或服务。体育产业的从业人员要为我国体育产业的升级与更进一步的发展提供重要的契机。据相关部门预计,如果按照体育产业如今的发展形势进行下去,2025 年我国体育消费将达 5 万亿元。通过参加各种各样的体育活动,人们能改善和提高自身的体质水平,通过参与体育消费,还能为国民经济的发展提供重要的支持,促进我国和谐社会的建设与发展。

经过一段时间的发展,我国体育产业获得了非常快速的发展,创造了极大的产业价值,在国民经济中的地位也越来越高。据相关方面统计,2014 年我国体育产业总产出为 1.357 万亿元,占同期国内生产总值比重的 0.64%;2015 年我国体育产业总产出为 1.7 万亿元,占国内生产总值的 0.7%;2016 年我国体育产业总产出为 1.9 万亿元,占国内生产总值的 0.8%。体育产业总产值和占国内生产总值的比重都在逐年上升。与一些欧美国家相比,我国体育产业的发展潜力更大,有着更加广阔的发展前景。因此,在新的时代背景下,我们要加强体育产业的研究,加强体育产业的供给侧结构性改革,不断推动体育产业的进一步发展。

为了更好地推动我国体育产业的进一步发展,国家体育总局制定了一些措施和文件,主要围绕提高体育产业总产值、完善体育产业体系、加强体育产业基础建设等几个方面进行,这些都属于体育产业发展的重要基础,为体育产业的长期规划打下重要的基础。

作为新兴的第三产业,体育产业具有自身独特的价值,同时也与其他产业有着共性的地方,对于国民经济的发展具有重要的推动作用。总之,发展体育产业,既可以提高人们的身体素质,又能丰富人们的精神文化生活,还能促进社会经济的发展。因此加强体育产业,尤其是体育产业市场建设与竞争力提升的研究尤为必要。

二、研究目的

关于体育产业市场建设与竞争力的研究,其研究目的主要有以下几个方面。

(1)进一步丰富和完善我国体育产业的理论研究体系。本书通过体育产业市场相关概念与理论的再研究,能帮助人们更加透彻地认识与了解体育产业,认识到体育产业对社会经济发展、对人民群众健身等方面的多元价值。

(2)与国外像美国、英国等体育产业发达的欧美国家相比,我国体育产业发展时间较短,发展至今仍然处于一个初步发展的阶段,在各方面都存在不少问题,因此进一步深入细致地研究与分析我国体育产业发展现状,找出其存在问题并展开分析,力争寻求可行性的解决策略也是本书的一个重要目的。

(3)当前我国比较欠缺体育产业市场建设与发展的经验,因此本书希望通过关于国内外体育产业市场及竞争力的研究,能为我国体育产业的进一步发展提供一定的帮助。

三、研究意义

(一)理论意义

体育产业属于一项朝阳产业,蕴含着强大的发展潜力,加强体育产业的研究非常重要。大量的研究与实践表明,目前许多学者对体育产业市场及其竞争力的研究大都通过一些表面数据和调查进行,然后发现其中存在的问题和不足,并找出解决的对策。

本书首先阐述体育产业的相关理论,在一定的理论指导下展开研究,通过因子分析、比较研究等对我国体育产业的发展及竞争力的提升进行深入细致的分析,能在一定程度上丰富我国体育产业及其竞争力研究的认识深度,丰富体育产业的理论研究体系。

(二)现实意义

当前社会经济发展迅速,人们的生活水平得到了极大的提高,同时也拥有了更多的余暇时间。在物质生活丰富的情况下,人们对精神文化的需求越来越大。而体育则是能满足人们这种需求的一项活动。因此说体育产业有着广阔的发展前景。

本书通过体育产业市场及其竞争力的研究,运用资料研究法、比较分析法、实证分析法等,调查与分析我国体育产业市场建设与发展的现状,找出阻碍体育产业发展的因素,并寻求解决对策。不仅如此,本书还对相关体育产业,如核心层、外围层等具有代表性的体育产业做出了深入的研究与分析,对其他体育产业部门的发展具有一定的指导和借鉴意义。与此同时,对体育产业市场发展的研究,还能促进我国的体育消费、增加就业及拉动国民经济的持续增长。这些都说明本书具有重要的现实意义。

第二节 研究内容与方法

一、研究内容

本书的研究内容主要包括以下几个部分:

(一)第一部分:体育产业发展情况

这一部分详细阐述了体育产业的形成与发展的背景及基本发展情况,对我国体育产业的发展现状做了具体的调查与分析,然后分析了我国体育产业市场的建设情况。

（二）第二部分：发展之钥和基础保障

本部分主要是关于体育产业基础理论的阐述与分析，通过体育产业基本概念、体育产业结构、体育产业政策、体育产业组织、体育产业市场运营等理论知识的介绍能帮助体育产业从业者学习到基本的理论知识，从而为我国体育产业叩开发展的大门，指导体育产业市场如何建设与发展。

（三）第三部分：体育产业发展的核心内容

本部分主要包括发展核心、发展辅助和发展主流三个方面的内容。体育产业的构成主要包括核心层、外围层和其他相关层等几个部分，其中核心层主要是指体育场馆、体育赛事、体育俱乐部等部分的内容，这几个部分是当今最为常见也是核心的体育产业市场的内容。世界上各个国家或地区都非常重视这几个方面的发展，尤其是发达国家这几个方面的发展水平非常之高，具有较大的经济价值。

外围层和其他相关层主要包括体育用品业、体育彩票业、体育传媒业、体育广告业、体育赞助业、体育经纪服务业等几个部分的内容，这些部分也是体育产业市场的重要组成，对于体育产业的发展具有重要的意义。

另外，本部分还重点研究与分析了竞技体育产业与休闲体育产业市场两方面的内容。这两个部分是体育产业发展的典型代表，发展水平最高，因此研究这两个部分能为其他体育产业市场的发展提供一定的参考与借鉴。

（四）第四部分：发展动力

要想促进体育产业市场的建设，提高其竞争力，就必须要有源源不断的动力，本部分重点分析了推动体育产业市场发展的动力机制，并提出了促进体育产业可持续发展的重要举措。

二、研究方法

在体育产业领域,是体育科学与经济科学交叉的新领域,研究体育产业不仅要运用到体育学方法还要用到经济学的研究方法。目前,常用的体育产业的研究方法主要有以下几种。

(一)文献综述法

文献综述法是指针对某一特定研究课题,在大量收集整理与之相关的各种文献资料的基础上,对所负载的知识信息进行归纳鉴别、清理与分析,并对所研究的课题在一定时期内已取得的研究状况、取得的成果、存在的问题以及发展的趋势进行系统而全面的叙述、评论、建构与阐述。本书在阅读了大量的关于体育产业与体育产业竞争力相关文献的基础上展开具体的研究与分析。通过中国知网、中国期刊网、万方数字化全文期刊子系统等查找与体育产业相关的电子资料,通过我国各高校图书馆、体育学院资料室、期刊阅览室等查找关于体育产业最新的研究走向,从而为我国体育产业市场建设及竞争力的研究提供一定的借鉴和参考。通过以上各大数据库及图书馆等途径能为接下来的我国体育产业市场建设及竞争力的研究提供详实的资料,从而为本书提供可靠的理论与事实依据。

(二)系统研究法

系统研究是指将体育产业作为国民经济部门这一大系统的子系统进行研究,这一系统是动态发展的开放的系统,并不是封闭的或一成不变的。在研究的过程中,我们将体育产业发展的基本理论,以及体育产业的组织、结构、政策等看作是一种动态和渐进的过程。伴随着我国社会经济的不断发展,体育产业的发展进程也逐渐趋于协调和平衡。体育产业的发展为人们提供了能满足其需求的体育产品或服务,不断满足社会大众日益增长的体育需求。本书始终将体育产业看作是一个开放的系统进行研究,将体育产业的组织、结构、政策等放置于体育产业发展的连续性相互作用中达到平衡状态,同时又保持同外界之间的相互联系,使体育产业内部趋于合理和完善,使体育产业获得持久的发展动力。

(三)比较分析法

本书运用比较分析法对体育产业的发展与竞争力的提升展开研究与分析,既有与国外体育产业发展的对比,又有体育产业与其他产业之间的对比,还有体育产业内部之间的对比。除此之外,还重点分析我国体育产业发展状况、体育消费人口及体育产业政策等方面的特点,然后将这些特点与当前社会经济发展条件下的体育产业发展态势进行比较,并找出提升我国体育产业竞争力的对策。

(四)统计分析法

统计分析法是指有关收集、整理、分析和解释统计数据,并对其所反映的问题作出一定结论的方法。这一方法是调查与分析体育产业发展现状必然采用的一种方法。要研究体育产业,必然要对体育产业的结构和组织等进行宏观分析,这是因为体育产业这些方面的发展和变化是与国民经济联系在一起的。通过不同时期我国体育产业发展的数据及不同时期我国经济发展水平、居民消费结构等的数据分析,能总结出人们的体育需求发展变化状况,从而为我国体育产业的进一步发展提供必要的事实依据。

(五)实证分析法

实证分析法是指实事求是地从客观现实出发,建立一个严谨和完备的逻辑体系,从理论上把握和说明现实,指明我国现阶段体育产业发展的事实结构和组织状态,使其成为制定体育产业政策的基础和依据。除此之外,本书还重点对体育产业核心层、体育产业外围层与相关层,如体育场馆业、体育俱乐部、竞技体育产业、休闲体育产业等多类型体育产业展开实证分析,为我国体育产业的发展提供了重要的研究资料和发展经验。

(六)理论与实践结合法

以上关于体育产业的研究方法,都是从大量的具体实践中抽象出来的,并且经过实践的检验被证明是非常可靠的研究方法,通过这些方法的利用,能很好地展开研究与分析,得出相对客观和准确的结果。需要注意的是,体育产业是随着时代的发展不断向前发展的,研究方法也是不断变化的,因此在具体的研究中,要遵循与时俱进的基本原则,将理论与实践结合起来。可以说,体育产业发展理论的正确与否,唯一的检验标准是体育产业发展的实际。只有二者密切结合才能得出正确的研究结论。

第三节　国内外研究现状

一、国内研究现状

(一)关于体育产业的研究现状

目前,我国对体育产业的研究主要集中于以下方面:

姜同仁等(2013)认真分析了欧美等发达国家的体育产业发展经验和方式,认为这些国家体育产业之所以发展较快的原因在于注重发挥科技创新,利用产业集群效应,以创新驱动产业发展,致力于高附加值产品的开发,制定完备的产业政策等,这些都对我国体育产业的提升有着很大的借鉴作用。[①]

---

① 姜同仁,宋旭,刘玉.欧美日体育产业发展方式的经验与启示[J].上海体育学院学报,2013,37(02):19-24.

第一章 绪 论

党挺(2017)[①]在研究中指出,国外体育产业与其他产业广泛融合,实现了产业渗透、产业交叉和产业重组,融合产生了五大效应:创新和优化效应、竞争性结构效应、组织性结构效应、竞争性能力效应、消费性能力效应和产业区域效应。

张涛(2017)[②]认为,中美体育经济发展产业现状的比较分析,其侧重点以及核心所在是对两国体育产业结构的比较与研究。美国体育产业结构体量大,产业结构份额大,体育产业结构较为合理。如果基于生命周期理论视角下来看美国体育产业的发展,其属于成熟期阶段。中国则正处于形成期向成长期的过渡阶段。

而对于国内体育产业的相关研究,任波、戴俊等(2017)[③]指出,优化中国体育产业结构需完善体育产业政策体系、推进市场的基础性调节和政府的辅助性调节作用、优先发展体育主导产业(体育竞赛表演业和体育健身娱乐业)。

张中江、田祖国(2000)在认真研究实现体育产业优化的途径后指出,中国体育产业必须优先发展群众体育健身休闲项目。要想实现体育产业的跨越发展,必须平衡好竞技体育和群众体育、体育教育和体育科研之间的关系。各个地方要根据自身特点开展特色体育产业。

(二)关于体育产业竞争力的研究现状

国内对于体育产业竞争力的研究起步相对较晚,一直到了21世纪初,毕进杰、王晔(2002)借鉴国外先进的竞争力评价方法,指出了体育产业国际竞争力的内涵,对我国体育产业的基本定义、评价方法等进行了初步的探索,形成了体育产业国际竞争力评价

---

① 党挺. 发达国家体育产业发展的扩散效应及启示[J]. 上海体育学院学报,2017,41(03).
② 张涛. 中美体育经济发展比较研究[J]. 运动,2017(15).
③ 任波,戴俊,徐磊. 我国体育产业结构优化研究——基于中美比较的借鉴与启示[J]. 沈阳体育学院学报,2017,36(03).

的指标体系。周波、周超(2015)[①]在研究中指明,美国体育产业的高度繁荣,源自其已经形成了一种独特而不可替代的强大核心竞争力,使之保持着强盛、持续的发展动力。而究其原因,美国体育产业核心竞争力的形成与保持又有赖于其良好的生长机制。

针对目前我国体育服务业发展中存在的问题,严文华(2017)[②]指出,为提高我国省市区域体育服务业竞争力,应该转变产业发展思路和观念,优先发展体育服务业;加大政策投入及资金引导投入,加强体育服务业发展的基础建设;因地制宜发展体育服务业,优先发展与带动发展相结合;规范体育服务业发展,培养消费者市场;建立完善的体育服务业人才培养体系。

二、国外研究现状

(一)关于体育产业的研究现状

关于体育产业的概念,不同的人有着不同的观点。20世纪70年代以来,美国许多科研机构和有关学者从不同方面广泛地开展对体育产业的研究。1994年美国著名学者费尔丁(Fielding,1994)把体育产业界定为"向购买者提供包括与体育运动、健身活动、娱乐和休闲相关的活动、产品、服务、人员、场所和观念的一个市场"。1997年美国佐治亚技术学院经济发展研究所著名学者埃尔菲·米克(Meek,1997)对美国体育产业进行了操作层面上的界定,将体育产业具体划分为三个部分,分别是体育娱乐与休闲、体育产品与服务、体育组织。2001年,美国学者李、胡法克、马宏尼(Li、Hofarce、Mahony,2001)在《体育经济学》一书中,将体育产业界定为以体育活动为中心展开的一系列相关经济活动。

---

① 周波,周超.美国体育产业核心竞争力的生长机制及其启示[J].沈阳体育学院学报,2015,34(03).

② 严文华.基于层次分析法的区域体育服务业竞争力评价研究[D].上海体育学院,2017.

第一章 绪 论

(二)关于体育产业竞争力的研究现状

发达国家的体育产业发展较早,相关研究也比较完善和成熟。Chris Gtatton.(1988)提出城市基础体育设施的建设不仅能够让当地的居民参加到体育活动中来,而且能够吸引外地游客,鼓励外来投资,改变城市形象。DeGennaro R.(2003)指出,很多观众愿意支付不断增加的观赛价格,以支持自己喜欢队伍获得冠军。在对冠军的偏好普遍适用于其他体育项目的情况下,这对公共政策和社会福利具有重要意义。Humphreys B. R.、Ruseski J.(2008)利用各种数据来源调查了美国参与体育相关活动的经济规模,得出2005年美国体育产业规模估计在44亿美元至730亿美元之间。此外,他们认为参加体育活动和参加体育赛事的机会时间成本也很重要。

第二章 发展概况——我国体育产业及市场建设情况

与国外体育产业强国相比,我国的体育产业发展时间较短,发展水平也存在着一定的差距。但通过多年来的努力发展,我国体育产业也取得了可喜的成绩。我国的体育产业市场规模不断扩大,影响力和竞争力也在不断增强。可以说,我国的体育产业有着广阔的发展前景。本章重点分析我国体育产业市场的建设与发展情况。

第一节 体育产业的形成与发展

一、国外体育产业的形成与发展

(一)国外体育产业的起源

任何事物都有一个产生与发展的过程,体育产业同样如此。18 世纪 60 年代,起源于英国的产业革命促进了生产机械化的提高和劳动力的释放,这一时期出现了大量的体育俱乐部,这为体育产业的产生奠定了必要的基础。

之所以认为体育产业起源于英国。其原因主要在于,一方面体育产业中的绝大部分运动项目来源于英国人创立的"户外运动"。经过一段时间的发展,这些"户外运动"传给了殖民国家以及欧亚和美国等国家,这从客观上为体育在全球的职业化和商业化做了经营管理上的准备,奠定了现代体育产业发展的基础。另一方面,俱乐部体制作为一种组织形式最早也是起源于英国。1750年在英国的纽玛克特一批贵族资助成立了著名的"赛马俱乐部"。该俱乐部之所以有名,是因为它开创了现代体育俱乐部的法人治理结构和与之相配套的规章制度及运行机制。在这之后,"赛马俱乐部"的模式很快就被英国的板球、拳击等其他运动项目所效仿,并传播和流行于其他国家。因此说,英国是体育产业最早的发源地。

除了英国之外,美国也很早就开始了体育产业化进程。与英国不同,美国出现了营利性俱乐部的运作方式。这种俱乐部模式主要是按商业方式来经营,同时又制定相应的规划来发展联赛市场,进行联盟垄断经营。在美国,棒球、篮球、冰球等项目的产业化水平非常高,成为推动国民经济发展的重要力量。

(二)国外体育产业的形成

20世纪50年代,以西方发达国家为首的经济增长速度更为迅猛,人们的生活水平不断提高。在这样的背景下,竞技体育、职业体育、大众体育等获得了快速的发展,体育产业的地位得以迅速提升。

美国为促进本国体育产业的快速发展,在借鉴英国经验的基础上,建立了职业体育联盟,由此体育产业开始向市场化、商业化和产业化迈进。联盟体制是指职业队的业主们为追求自身利益的最大化,把经营权委托给一些专家,让他们代表自己的利益来对联盟进行经营和管理的一种制度。其实质是通过垄断经营来获得最大利益,它是体育产业化发展的重要内容。

在20世纪,西方国家都形成了俱乐部经营体制,欧洲俱乐部大多是"自营模式",而北美职业俱乐部则是部分垄断经营的"自营和代理"模式。这两种模式都能取得极大的经济价值,在当时发挥了重要的作用。

体育产业之所以能够形成并获得快速发展,除了与竞技运动走向职业的商业化道路有关外,大众体育的兴起和发展也在其中扮演着十分关键的角色。但需要注意的是,那时候的体育产业还不是真正意义上的体育产业。直到20世纪中叶,体育健身娱乐消费才冲破种种局限,实现了平民化和生活化,大众体育才有了产业地位。而健身娱乐业后来居上,不论是规模还是产值都超过了之前的竞赛表演业,从而成为真正意义上的体育产业。

(三)发达国家体育产业的发展

西方发达国家体育产业的发展可以从以下几个方面进行分析。

1. 体育产业的规模

在现代社会不断发展的背景下,人们对体育的需求越来越迫切,这使得体育市场不断扩大,体育产业迎来了一个发展的春天。在一些发达国家,体育产业在国民经济中的地位越来越高,逐渐成为一个新兴的发展迅速的产业。以美国为例,美国的体育产业在产业规模、产业结构、产业效率与水平等方面的发展都远远高于世界上其他国家。1984年洛杉矶奥运会的商业化运作就是一个典型的例子。

早在1995年,美国体育产业总产值就已经达到1520亿美元。其人均体育产业总值为478美元,高于法律服务和保险产业,同时也高于机动车与设备制造业、汽车服务业年产值的总和。体育产业迅速成为国民经济中的一个重要产业部门,扮演着越来越重要的角色。

其他国家中,加拿大体育产业年产值达到89亿美元,占GDP的1.1%;瑞典占3.3%;德国占1.25%;西班牙占1.68%;法国占1.09%。这些都充分说明,体育产业在许多国家中已成为或正在成为国民经济重要的增长点,体育产业在国民经济中的地位越来越重要。

第二章 发展概况——我国体育产业及市场建设情况

2. 体育产业部门方面

体育产业的门类有很多,其中健身娱乐业和竞赛表演业占主体地位。这两个产业的市场需求量大,是体育产业的重要主体。

3. 全球化、集约化和多元化趋势明显

随着现代体育产业的不断发展,众多的跨国体育企业逐步发展起来。如现今知名度非常高的耐克、阿迪达斯等都已形成了规模庞大的跨国公司,其经营规模向着多样化、集团化和连锁式方向发展,成为推动本国经济发展的重要力量。

4. 体育产业进入资本市场

随着现代社会的不断发展,体育经济也逐步迈进了一个快速发展的通道。最初,欧洲国家以足球俱乐部股份为先导,逐步进入了资本市场。1997年起,有19家足球俱乐部在英国股票市场正式挂牌上市。金融机构对体育产业的渗透也进入了一个新的发展阶段。英国投资公司是最早插手足球领域的金融投资机构,它分别收购了杰克布拉格斯拉威尔、希腊雅典AEK、意大利维琴察和苏格兰流浪者队的一部分股份,其目的在于建立一个较高水平的足球俱乐部,实现利益最大化。

5. 体育产业的市场机制

在体育产业发展进程中,大多数西方国家都把体育产业看成是一个复合体,以市场为导向,按经济规律来运作。但是在具体的发展方面,各个国家有所不同。如意大利是以"足球产业"为主,日本和德国以体育用品为主,法国以健身娱乐业为主,北欧等国则以体育旅游业为主。这些国家的体育部门非常重视大众体育消费,明白大众体育消费对体育产业发展的重要性。随着时间的不断推移,体育产业对国民经济的影响也逐渐增大。如今西方

国家的体育产业结构、功能相对完备,成为国民经济中新的增长点,发挥着十分重要的作用。

二、国内体育产业的形成与发展

通过对我国体育产业的分析,我们可以将我国体育产业的发展大体可分为以下三个阶段。

(一)萌芽阶段(1978—1991年)

1978—1991年是我国体育产业发展的第一个阶段,这一阶段我国的体育产业正处于萌芽时期。在这个时期,我国体育事业的发展还比较落后,缺乏大量的资金和设施,为解决这一问题,体育战线开始打破依靠国家拨款和由政府包办体育的格局,走上了探索筹措体育资金的新路子。这个时期我国主要从两个方面加强体育产业的发展。一方面,鼓励体育系统有条件的事业单位开展多种经营,扩大服务范围,积极增收节支,提出了体育场馆要"以体为主,多种经营",由事业型向经营型转变;另一方面,吸引社会资金,资助体育竞赛活动和办高水平运动队,在这一时期,有相当一部分优秀运动队实现了与企业联办。通过这些手段的利用,我国体育事业获得了一定程度的发展,这为今后的深化体育改革积累了丰富的经验,奠定了良好的基础。

(二)起步阶段(1992—1996年)

1992—1996年是我国体育产业发展的起步阶段。伴随着我国社会主义经济的发展,我国的体育事业发展环境也发生了巨大的变化。为建立一个科学完善的体育体制和运行机制,我国逐步加大了体育产业改革的力度。

1992年原国家体委召开了"中山会议",把体育产业问题作为了深化体育改革的重要议题。

1993年全国体委主任在会议上颁布了《关于培育体育市场,

加快体育产业化进程意见》,提出了体育事业要"面向市场,走向市场,以产业化为方向"的基本思路。

1996年全国人民代表大会第八届四次会议通过的《国民经济和社会发展"九五"计划和2010年远景目标纲要》进一步明确了体育要走"社会化、产业化的道路"。

在这一时期,我国体育产业受到党中央和政府的高度重视,其发展的重点开始从注重经营创收的微观层面上升到与转换体制和转变机制结合起来的宏观层面;指导思想也从"多种经营"转向"全面发展"。这些方面的发展都为我国体育产业的发展奠定了良好的基础,在这一时期,我国的体育产业开始腾飞,逐步缩小与发达国家之间的差距。

(三)起飞与快速发展阶段(1997年至今)

1997年至今是我国体育产业起飞与快速发展的阶段。1997年,党的第十五次代表大会可以说是我国体育产业发展的新起点。在这一阶段,我国的体育产业进入了一个快速起飞和发展时期。这一时期,体育产业逐渐成为我国国民经济新的增长点,发展势头非常迅猛。

1. 体育消费持续活跃

这一时期,居民消费指数持续下滑,但在这样的背景下,体育产业仍旧获得了不错的发展。体育消费在扩大内需中的作用越来越突出,体育产业成为一种推动我国经济发展的重要力量。

2. 政府部门对体育产业高度重视

2001年,九届全国人大二次会议《政府工作报告》中指出,要"积极引导居民增加文化、娱乐、体育健身和旅游消费,拓宽服务性领域"。这意味着政府认可体育的产业地位,承认体育产业是推动我国经济发展的重要动力,体育产业受到政府的高度重视。

3.体育产业发展规模迅速扩大

近些年来,我国体育产业逐渐社会化、投资主体逐渐多元化,这是体育产业发展的一个重要特点和趋势。在体育产业发展的过程中,个体、私营、外资和中外合资企业等成为产业扩张的重要力量。在这样的情况下,我国非国有体育企业的数量也大量增加,产业规模逐步扩大。总的来看,如今我国体育产业的发展进入了快速发展的轨道。

第二节 体育产业的发展现状

对我国体育产业现状展开调查能帮助我们看清当前我国体育产业发展中存在的问题,从而采取有针对性的措施和手段加以解决。

一、我国体育产业的总体发展情况

(一)我国体育产业发展的整体规模

据调查统计,2016年我国体育产业总规模达1.9万亿元,较2015年增长11.1%;产业增加值6475亿元,增长17.8%,产业增加值占同期GDP的比重达0.9%。总体来看,体育用品和相关产品制造的总产出和增加值最大,分别为11962.1亿元和2863.9亿元,占体育产业总产出和增加值的比重分别为62.9%和44.2%。对于体育服务业而言,相关数据表明,其总产出为6827.0亿元,占体育产业总产出的比重为35.9%,与2015年相比增加值为3560.7亿元,占体育产业增加值比重从2015年的49.2%提高到55.0%。对于体育健身休闲产业而言,总产出和增加值增速均超过30%,竞赛表演业总产出增长24.52%,体育产业机构数量年增长率达21.7%,从业人数达440余万人,消费规模接近万亿。

根据国家体育总局发布的数据,2017年中国体育产业总规模达到2.2万亿元,体育产业增加值为7811亿元,总产出比2016年增长15.7%,增加值增长了20.6%。与2016年相比,我国体育产业规模进一步扩大。

发展到2018年,我国体育产业规模又进一步加大,全国体育产业总规模(总产出)为26579亿元,增加值为10078亿元,体育产业增加值占国内生产总值的比重达到1.1%。从体育产业内部结构看,体育服务业保持良好发展势头,增加值为6530亿元,在体育产业中所占比重达到64.8%,比上年有所提高;其中体育用品及相关产品销售、出租与贸易代理规模最大,增加值为2327亿元,占全部体育产业增加值比重为23.1%。体育用品及相关产品制造的增加值为3399亿元,占全部体育产业增加值比重为33.7%。体育场地设施建设的增加值为150亿元,占全部体育产业增加值比重为1.5%。

大量的数据统计表明,发展至今,我国体育产业已初步形成了以竞赛表演和健身休闲为驱动,体育用品业为保障,体育场馆、体育培训、体育中介、体育传媒等行业发展的整体格局,这些体育产业的发展速度非常之快,甚至超过了近年来我国的经济增速,其发展前景非常广阔,成为国民经济的新的增长点。因此,我们要加大体育产业的投入力度,促进其更加健康、快速的发展,这对于我国国民经济乃至整个社会的发展都具有重要的影响和意义。

(二)我国体育产业的结构发展现状

据统计发现,目前体育用品业占我国整个体育产业的80%,是我国产业发展的主要支撑。而处于产业核心层的体育服务业占比却不到20%。导致这一现状的主要原因在于我国体育产业市场化程度太低,没有形成一个完善的监管机制,国内职业体育发展还很不成熟,在社会上的影响力也较小。众所周知,体育服务业的健康发展需要建立在具有一定影响力的赛事基础上,如果没有大型的体育赛事做支撑,体育服务业就难以获得理想的发展。以中超为例,虽然近年来我国各中超俱乐部通过加大投入吸引了大量的高水平运动员,但是总体来看,影响力还是比较有限,在观众覆盖率、观众忠诚度、观众消费能力等方面与国外足球发达国家的足球联赛相比仍存在着较大的差距。由此可见,提升体育赛事的影响力,打造名牌体育赛事就成为推动我国体育服务业发展的重要手段。以美国为例,美国的体育服务业占体育产业的57%,这与其拥有众多的体育品牌赛事是分不开的。因此,在未来的体育产业发展中,我们要加大体育产业的投入力度,调整体育产业结构,力争打造具有世界影响力的体育赛事。

(三)我国居民体育消费水平现状

伴随着我国综合国力的提升,人们的生活水平上升了一个大的台阶,在这样的背景下,人们参与体育消费的能力越来越高,体育消费占日常生活消费的比重也呈逐渐加大趋势。但是,与发达国家相比,我国居民的体育消费水平还不是很高,这也说明其具有较大的提升空间。据调查,2013年美国的人均体育消费为620美元,是中国同期数据的六倍之多,而发展到2017年美国的人均体育消费已超过1000美元。由此可见,我国居民的体育消费还处于一个较低的水平。总体来看,导致我国居民体育消费水平不高的原因主要有居民体育消费意识不强、体育产品的开发与推广比较欠缺、体育赛事量少质低等,今后需要大力发展。

(四)我国体育场馆建设情况

据第六次全国体育场地普查数据公报显示,截至2013年12月31日,全国共有体育场地169.46万个,用地面积39.82亿平方米,建筑面积2.59亿平方米,场地面积19.92亿平方米。其中,室内体育场地16.91万个,场地面积0.62亿平方米;室外体育场地152.55万个,场地面积19.30亿平方米。

以2013年末全国大陆总人口13.6亿人计算,平均每万人拥有体育场地12.45个,人均体育场地面积1.46平方米。不论是体育场地的总体数量,还是人均体育场地面积,我国与国外发达国家相比都存在着不小的差距。体育场地与场馆的稀缺直接影响和制约了我国居民体育运动的参与,对于我国体育产业的发展是非常不利的。

2019年,据国家统计局的资料显示,全国共有体育场地316.2万个,体育场地面积25.9亿平方米,人均体育场地面积1.86平方米,与2013年相比,不论是场地规模还是人均面积都有了明显的提升。2019年,全国第七次体育场地普查已经开始,相信随着我国体育事业的不断发展,体育场馆建设也必将更加完善。

因此,我国政府及体育部门在今后要根据我国的具体实际加大体育场馆的建设力度,力争建设一大批高质量的体育场地或场馆,为人们参加体育运动提供良好的物质保障。

(五)我国体育产业相关法律的立法

很长一段时间以来,我国体育事业的开展主要由政府主导,各项活动的举办都是在政府的领导下进行的。但随着竞技体育的不断发展,目前我国政府体育行政部门正逐步改变旧有的完全由政府主导的形式,对社会企事业单位、社会团体以及个人兴办体育给予了高度重视,这极大地完善了我国体育事业发展的形式,对于我国体育事业的长远发展是比较有利的。为保证体育事业的健康发展,我国政府一直就比较注重体育产业的立法工作。

为保证人民的体育权利,1995年,我国政府颁布了《中华人民共和国体育法》,为人们公平、平等地参加体育运动提供了重要的法律依据。

2010年,国务院办公厅发布《关于加快发展体育产业的指导意见》,该意见主张大力兴建体育场地与设施,加大投融资力度,鼓励境外和民间资本投资体育产业,以促进我国体育产业的快速发展。

2011年,为培养一批具有影响力的体育企业,国家体育总局发布了《体育产业"十二五"规划》。该规划提出,在几年的时间内打造富有中国特色的体育品牌,不断促进我国体育产业的区域化发展,以先进带动后进,增强我国体育优势品牌在世界上的影响力。

2014年,我国国务院、体育总局等陆续发布了一系列政策或文件,如《国务院关于加快发展体育产业促进体育消费的若干意见》《关于推进体育赛事审批制度改革的若干意见》等。这些政策和文件的发布,指明了我国体育产业存在的问题及发展方向,为我国体育产业的健康持续发展提供了良好的制度保障。

2015年,国家统计局制定了《国家体育产业统计分类》,对我国体育产业进行了重新分类,该分类将体育产业划分为11个大类、37个中类、52个小类。

2016年7月14日,国家体育总局发布了《体育产业发展"十三五"规划》。该规划强调,到2020年,全国体育产业总规模超过3万亿元,并首次明确了竞赛表演业、健身休闲业、场馆服务业、体育中介业、体育培训业、体育传媒业、体育用品业和体育彩票八大重点行业。

2017年1月23日,国务院发出了《"十三五"推进基本公共服务均等化规划的通知》,将"免费提供公园、绿地等公共场所全民健身器材"作为"十三五"全民健身服务方面的国家服务指导标准之一。

2019年3月,国家统计局第4次常务会议通过《体育产业统计分类(2019)》。该统计分类(2019)延续了《国家体育产业统计分类(2015)》的主要原则、方法和框架,其中含有大类11个、中类37个、小类71个。这一分类方法是目前我国关于体育产业分类最为权威的划分标准。这一标准的制定是符合体育产业发展现状的,对于我国体育产业的规范化和标准化发展具有重要的意义。

任何事业的发展都需要一定的法律制度作保障,否则就难以

第二章 发展概况——我国体育产业及市场建设情况

获得健康顺利的发展。因此,要想保证我国体育产业的健康快速发展,就必须加强体育立法工作,保证体育产业市场的发展有法可依,从而获得健康有序发展。

世界上体育产业发达国家都非常重视体育法制建设,也取得了重要的成果。体育法制体系建设属于一个庞大的工程,包括立法、执法、司法等重要的环节。其中,立法是极为关键的内容。目前,我国的体育立法建设发展的比较缓慢,与体育产业市场的发展节奏不协调,这对于我国体育产业市场的建设与完善是非常不利的。因此,在体育产业未来的发展中,我国政府部门一定要重视体育立法工作,从而为我国体育产业市场的建设提供重要的法律保障。

综上所述,近些年来我国政府相关部门颁布了一系列有利于体育产业发展的政策与文件,这为我国体育产业的发展提供了良好的制度保障,同时也保证了人们参与体育消费的权利,对于我国体育事业的发展具有极大的推动作用。

(六)体育产业成为促进消费的新生力量

随着竞技体育的高度发展,体育产业也逐渐成为一个国家国民经济的重要部分,其生产总值占国民生产总值的比例越来越大,影响力也覆盖社会各个层面。发展至今,可以说体育产业已成为推动居民消费、扩大内需的重要力量。

随着社会经济的不断发展,人们的生活水平得到了极大的提高,在温饱问题解决后,人们开始注重生活质量的提高。在这样的形势下,体育以其独特的特点和优势深深吸引着热爱健康和运动的人们。人们的体育消费观念得到了扭转,体育消费意识不断增强。体育已成为人们重要的生活方式。

当前,我国体育人口呈不断增加趋势。在居民生活水平日益改善和提高的背景下,人们的体育消费水平也逐渐升高,这极大地促进了体育消费市场的繁荣与发展。

随着我国社会的快速发展,良好的国内环境为我国体育产业的发展提供了重要条件。国家也加强了体育基础设施的建设,为人们参与体育活动提供了极大的便利。另外,我国政府部门也相继颁布了大量的关于体育事业、体育产业等方面的政策与文件,为人们参与体育活动提供了重要的制度保障。在这样的形势下,体育产业拥有了广阔的发展前景。

进入 21 世纪后,世界各国、各地区之间的联系日益密切,全球一体化的趋势更加明显,我国体育产业只有不断加强与世界各国之间的沟通与交流,提高体育产业的知识含量,调整体育产业结构,才能在竞争激烈的环境下获得健康、持续的发展。

二、体育服务产业初具规模

(一)体育场馆的兴建与开放

体育场馆属于体育产业的重要内容,各项体育赛事及表演活动的举办都离不开一定的体育场馆,因此加强体育场馆的建设非常重要。当前,我国大部分的体育场馆都是在政府部门的牵头下进行建设的,如 2008 年北京奥运会、亚运会及全运会的体育场馆。但随着现代社会的不断发展,大量的营业性体育场所开始出现,尤其是在大中型城市相继出现了规格较高的体育场馆。这些体育场馆通常规模较大、功能齐全,集健身、娱乐等为一体,能为人们的体育健身和体育消费提供良好的服务,极大地满足了人们的精神文化生活。

(二)体育竞赛表演业的逐步建立

在社会主义市场经济体制下,我国的体育产业市场规模逐渐增大,产业水平也越来越高,大量的职业体育赛事层出不穷,如中国足球超联赛、中国男篮职业联赛等就是其中的典型代表。每逢比赛日,到现场观看的球迷非常之多,这为我国体育竞赛表演业的发展创造了良好的群众基础。目前,我国的体育竞赛表演业正走在快速发展的道路上,成为我国体育产业发展的重要力量。

(三)体育培训业越来越活跃

当前我国已进入一个全民健身的时代,在休闲选择上,人们都倾向于参加各种各样的体育健身活动。在参与这些活动的过程中,不仅增强了体质,还促进了人与人之间的沟通与交流,提高了社会适应能力。在这样的背景下,各种体育健身俱乐部或体育培训机构大量涌现出来,如健美操培训班、武术培训班、网球俱乐部等,这是一种非常好的现象,不仅能有效推动我国全民健身运动的发展,还为我国体育产业市场的建设创造了良好的基础。

(四)体育中介业起步并获得进一步发展

当前,我国体育产业初具规模,获得了一定程度的发展,一些竞技体育项目的职业化进程逐步加快,如中国足球超级联赛、中国男篮职业联赛等都获得了不错的发展。在这样的背景下,越来越多的体育经纪公司或经纪人陆续出现,体育中介业开始获得逐步发展。目前,我国也出现了一些体育中介公司,体育中介服务越来越完善,但需要注意的是,这些中介公司大多都不是专业的,体育经纪业务只是这些公司其中的一部分工作,欠缺一定的专业性。另外,我国的体育经纪人近些年来也不断增多,但与发达国家相比,数量还是不足,并且体育经纪人的综合素质也不高,需要加强对其专业能力的培养与培训。

三、中国特色体育产业管理机构初步形成

目前,我国的体育产业获得了一定程度的发展,产业水平得到了一定的提升,这与国家部门的扶持是分不开的。在我国体育产业发展的过程中,国家部门一直发挥着极为关键的作用。为促进体育产业的进一步发展,体育产业部门一定要采取有针对性的手段与措施加强管理,并进行必要的机构改革,撤掉不必要的机

构,加强管理队伍的建设,建立和形成具有中国特色的体育产业管理机构。

四、体育本体产业与非本体产业共同发展

一般来说,在体育产业体系中,主要有体育本体产业与非本体产业两种。其中,本体产业是体育产业体系的最为重要的内容,其发展深深影响着体育产业的发展前景。非本体产业同样是体育产业体系的重要组成部分,也不能忽略了这一部分的发展。目前来看,我国的体育本体产业主要有体育健身娱乐业、体育竞赛表演业等,这些体育产业的发展受到国家各个部门的高度重视,国家政府部门也为其提供了重要的政策保障,其发展非常迅速,拥有良好的发展前景。而体育传媒业、体育广告业、体育彩票业等就属于非本体产业,这些非本体产业的发展对于整个体育产业市场的扩大与完善起着非常重要的作用,因此也不能忽视了这些非本体产业的发展。

(一)体育本体产业的发展

1. 体育健身娱乐业

随着体育事业的不断发展,目前,我国的体育健身娱乐业可谓发展迅速,已成为体育产业体系中最为重要的内容。总体来看,目前我国的体育健身娱乐业主要呈现出投资主体多元化、经营模式多样化等特点。在全民健身运动日益发展的今天,各种健身场馆、健身器材的需求量日益增大,与体育健身娱乐业相关的行业部门也得到了相应的发展。

2. 体育竞赛表演业

随着我国竞技体育事业的不断发展,大量的体育赛事或赛事表演活动涌现出来,这极大地丰富了我国的体育产业市场体系。

目前,我国的体育竞赛表演业呈现出全面发展的特征,拥有着广阔的发展前景。中国足球超级联赛、中国乒乓球超级联赛、中国男子篮球职业联赛等赛事都获得了不错的发展,在我国体育竞赛市场中占据着非常重要的地位。

除以上体育赛事外,近些年来我国的商业性体育赛事也逐渐增多,这是体育产业市场逐渐完善的体现。如北京网球公开赛、上海网球大师赛等在世界上都有着一定的影响力,每年都有世界网坛高手参与这些赛事。这对于推动我国体育产业市场的建设具有非常重要的作用。另外,在当前背景下,我国也涌现出了一些公益性的体育赛事,这些赛事通常具有良好的社会效益,对于体育产业的宣传与推广具有积极的影响。

(二)体育非本体产业的发展

体育传媒业、体育彩票业、体育用品业等都是我国重要的体育非本体产业,这一类产业的发展对于我国整个体育产业市场的发展与完善具有重要的意义,因此要引起高度重视。

1. 体育传媒业

随着现代科学技术的广泛利用,大量的现代传媒资源陆续涌入体育传媒业中,推动着体育传媒业的快速发展。与其他产业相比,体育传媒业自身具有一定的优势,这突出表现在多样化的传播渠道、高科技的传播手段等方面。因此,借助于得天独厚的优势,体育传媒业获得了快速的发展。

2. 体育彩票业

与体育传媒业相比,我国的体育彩票业还处于明显的落后局面。与国外相比,我国的体育彩票种类比较单一,玩法也不多,彩民数量也相对较少,加之体育彩票的宣传与推广力度也不够,这在很大程度上制约和影响着体育彩票业的发展。因此,这就需要国家政府部门结合市场发展情况主动采取积极性的手段与措施促进体育彩票业的快速发展。

3.体育用品业

当前,我国体育用品业获得了非常快速的发展,体育器材、体育设备、体育服装等都是体育用品业的重要内容。其发展对于我国体育产业市场的发展与完善具有重要的作用。

除以上体育产业部门外,其他体育产业部门的发展时间较短,基本处于萌芽或者低级发展阶段。在此不做过多的研究。但不可否认的是,这些体育产业也同样拥有良好的发展前景,随着我国体育产业市场的逐步完善,这些体育产业部门也必将获得快速的发展。

五、体育产业与区域经济结合度非常高

在区域经济一体化背景下,我国的体育产业与地区之间的关系越来越密切,体育产业对当地经济的贡献也越来越大。近些年来,人们开始密切关注区域体育产业的发展。目前,我国北京、上海、广东等地区的体育产业增加值都超过了100亿元,成为推动当地经济发展的重要力量。不仅如此,在这些大型城市的带动下,我国一些中小型城市的体育产业也开始迅速起步与发展,这些城市也积极竞争各种类型的体育赛事的举办权,其中一些城市也逐渐发展成为体育赛事举办的热点城市。大量的体育赛事的举办,对当地区的社会经济发展产生了重要的影响。

第三节 体育产业市场发展前景

一、体育产业制度日益多元化

体育的功能非常之多,在20世纪八九十年代,我国体育运动的一个主要功能就是政治功能,体育部门都将为国争光放在最为

重要的位置。以中国女排为例,中国女排曾经在这一时期创造了世界大赛"五连冠"的傲人成绩,令世人瞩目,在这样的形势下,举国上下开始学习女排精神,中国女排成为顽强拼搏、勇于战斗的代名词。通过体育活动,人们能受到强烈的爱国教育和文化教育。在这一时期,体育文化成为社会主义现代化建设的动力之一。而随着现代社会的不断发展,市场经济开始占据社会发展的主流,为适应经济体制的调整与变化,我国以前的体育举国体制也相应地进行了一定的调整,职业联赛开始出现,体育产业开始获得迅速发展,商业化的模式也涉足体育产业。现如今,越来越多的体育明星出现在大众视野之中。商业体育模式能更好地帮助人们认识竞技体育的本质,能促使人们亲身参与其中。这对于体育产业的健康发展具有非常重要的意义。

二、体育产业逐步与国际体育产业接轨

与欧美等体育产业发达国家相比,我国体育产业发展的历史并没有多长的时间,发展至今也仍处于一个初级发展阶段。在改革开放初期,我国体育运动发展形势比较严峻,在各方面都没有获得大的提升,体育明星更是屈指可数,像李宁、郎平等这样的体育明星非常少。而这一时期,国外体育明星在我国的认知度也不是很高。随着西方竞技体育的发展,其影响力逐步加大。近些年来,我国加强了与世界体育强国之间的互动与交流,这些国家的体育产业发展经验对我国具有非常大的帮助。

三、体育产业物质层面逐渐大众化

随着生活水平的提高,人们对体育的认识也越来越清晰,参加体育活动的欲望也越来越强烈。发展到 21 世纪,体育产业市场进一步扩大,一部分接受新鲜事物能力较强的群体率先投入到体育运动锻炼之中,推动了体育产业的发展。随着近些年来我国

体育物质需求的缺口日渐扩大,这使得体育产业化进程逐步加快。人们在平时的运动锻炼中,会花费一定的资金去购买各种体育器材和用品,这促使体育消费市场越来越大。除此之外,外来文化的不断涌入,也使得诸多大众体育器材设施走入人们的生活,出现了众多的体育用品生产企业,从中获取了良好的经济效益。由此可见,体育事业的发展促使体育产业越来越大众化,社会大众成为体育产业市场中的重要一分子。

四、体育产业科技日趋先进,网络体育产业突起

在当今社会,各个行业都发生了天翻地覆的变化。现在是一个信息化社会,网络建设越来越迅速和发达。人们在网上观看各种体育比赛已成为家常便饭,体育产业经营者也利用网络销售手段来推销自己的产品或服务。大量的体育科技游戏逐渐进入人们的视野,丰富了人们的业余文化生活。网络体育产业营销途径比以往更为迅捷和高效。可以说,如今体育管理网络化、体育信息搜集网络化、体育比赛网络观赏、体育彩票的网络化销售大大地推动了体育产业的发展,体育产业迈入了一个新的发展时期。

第三章 发展之钥——体育产业及市场发展理论

要想促进体育产业的健康发展,必须要理论与实践相结合,首先要建立一定的理论基础,以理论指导实践。关于体育产业与市场相关的理论比较丰富,体育产业从业者一定要深入细致地学习和研究这些理论,从而为体育产业市场的经营奠定良好的基础。

第一节 体育产业理论

一、体育产业的概念与属性

(一)体育产业的概念

我们在研究体育产业相关理论之前,首先要搞明白体育产业的基本概念。关于体育产业的概念,目前还没有形成一个统一的定论,众多专家持不同的意见和看法。下面主要介绍一下国内外相关专家及学者对体育产业概念的看法。

1. 国外对体育产业概念的界定

通过查阅资料,我们发现国外关于体育产业概念的研究,基本上集中于体育产业内涵和外延这两个方面。国外绝大部分专家及学者都注重于体育产业研究的可行性方面,既注重产业理论方面的研究,也强调体育产业的具体操作上。总体来看,对体育产业概念的研究比较全面和具体。

2. 国内专家学者对体育产业概念的界定

与国外体育产业研究相比,我国的研究时间较短。我国很多体育专家及学者也对体育产业的概念存在着不同的见解。我国学者关于体育产业概念的见解与看法主要有以下几个方面。

(1)体育产业是市场经济发展的产物,它是指进入市场实行商业化经营的体育活动范畴。体育产业的内容比较丰富,其中运动训练、运动竞赛、运动健身和体育运动人才培训等都可以归到体育产业这一范畴之中。

(2)体育产业是指与体育运动相关联的一切生产经营活动。各种体育服务和劳动都属于体育产业的重要内容。

(3)体育产业是指与体育活动密切相关的一种产业形式,体育系统组织的各种商业活动都属于这一类内容。

(4)体育产业是国民经济的重要内容,同时也属于第三产业中的重要内容。

综上所述,我国大部分专家及学者都倾向于从整体上来把握和研究体育产业的概念,关于体育产业概念的描述大都停留在表面,缺乏深层次的研究。

(二)体育产业的属性

在了解了体育产业的概念后,我们来分析体育产业的属性。在分析体育产业的属性之前,我们首先要搞清楚什么是体育产业的价值内核,因为这决定了体育产业如何更好地生存与发展。在了解了这一点后,我们可以将体育产业的属性归为第三产业,具体来说就是第三产业中的现代娱乐业。

在体育产业体系中,一些实物产品如体育器材、体育设备等,这些内容是否属于体育产业,要从多方面去分析。首先,这些实物性产品都是围绕着各种各样的体育活动开展的,在一定程度上反映了体育产业的本质；其次，判定这些实物性产品是否属于体育产业的关键还在于使用此种产品的意图和此种产品的最终市场。人们参与这些产品消费的根本意图是参加体育活动，其最终的市场也属于体育消费市场。因此，这些实物性产品可以归为体育产业的范畴。

综上所述，我们可以从两方面来理解体育产业的基本属性。一方面要坚持质的规定性，即坚持娱乐业是体育产业的基本属性；另一方面要坚持体育产业上下游之间的天然联系，不能只将体育产业限定在体育服务产品这一个空间，要以全面的眼光去看问题，综合分析。只有这样，才能准确把握体育产业的本质属性，也只有这样才能从根本上促进我国体育产业的发展。

二、体育产业的内容与分类

（一）体育产业的内容

发展到现在，体育产业的内容越来越丰富，极大地满足了人们的体育消费需求。我们通常所说的体育产业主要包括体育生产制造业、体育用品销售业、体育健身服务业等多方面的内容，这些内容共同构成了体育产业这一主体。总体上来看，我们可以将体育产业分为以下四个部分，每一部分都对体育产业系统的发展产生重要的影响。

（1）体育本体产业。主要是指根据自身特性而生产各种体育产品或提供体育服务的部门，体育培训业、竞赛表演业等都属于这一产业集合的内容。

（2）体育相关产业。主要是指以体育为资源和手段进行生产、服务的部门，体育用品业就属于这一部门的重要内容。

（3）体育延伸业。主要是指在体育产业周围形成的综合性的行业网络，这一网络涵盖多方面的内容，如体育经纪、体育彩票、体育旅游等都属于这一部分的内容。

(4)体育边缘产业。主要是指为体育本体产业提供各种服务的部门。这一部门虽然属于边缘产业,但也是不可或缺的。这一部门的存在能在一定程度上为体育产业创造经济效益和社会效益。

(二)体育产业的分类

由于国内外学者对体育产业概念的界定说法不一,因此,在体育产业的分类问题上,学术界也存在很多争论。

1. 国内学术界对体育产业的分类

为加快推动体育产业发展,科学界定体育产业的统计范围,建立体育产业统计调查制度,2019年3月13日国家统计局第4次常务会议通过《体育产业统计分类(2019)》,自公布之日起实施。该统计分类(2019)延续了《国家体育产业统计分类(2015)》(以下简称"统计分类(2015)")的主要原则、方法和框架,其中含有大类11个、中类37个、小类71个。与统计分类(2015)相比,统计分类(2019)在修订过程中涉及多个中类和小类拆分合并,大类和中类数量不变,小类增加19个。这一分类以体现我国体育产业活动的特点为划分依据,旨在为科学界定体育产业边界、范围提供依据,使体育产业统计、研究工作有据可依,有助于完善体育产业统计分类体系,明确体育产业管理和服务对象,进一步引导和推动体育产业工作规范化发展。

2. 国外学术界对体育产业的分类

与国内关于体育产业的分类不同,国外体育专家及学者主要存在以下这样几种观点:

(1)皮兹模式。

这一模式主要把体育产业分为体育表演、体育生产和体育推广等三大类。

(2)米克模式。

这一模式主要把体育产业分为体育娱乐、体育产品、体育支持性组织等三大类。

（3）苏珊模式。

这一模式主要把体育产业分为体育生产和体育支持两大类。体育生产主要是指体育用品制造业等；体育支持主要包括各种体育机构、体育协会、体育管理公司等内容。

体育产业是伴随着市场经济的发展而出现的，大部分国外体育专家及学者普遍认为体育产业是向市场提供体育娱乐产品的行业，大都是主张按照体育娱乐产品的生产与管理流程进行划分，将体育产业分为生产子系统、营销子系统和支持保障子系统等三个部分。

综上分析，我们可以将体育产业分为上游产业、中游产业和下游产业三个集合群（表3-1）。

表3-1 体育产业内容的分类

产业划分	产业内容
上游产业	健身娱乐业、竞赛表演业等
中游产业	体育设备、体育场馆、体育器材、体育装备等
下游产业	体育旅游、体育纪念品、体育建筑等

依据这一标准对体育产业的内容进行划分，简单、直接、明了，能帮助我们更加深刻地认识体育产业的内涵，有助于体育产业的健康发展。

第二节 体育市场与体育消费者行为

要想推动体育产业市场的建设与发展，体育产业管理人员必须要深入了解体育产业市场的内涵与特点，同时还要充分了解和把握体育消费者的消费行为，只有这样才能制定出具有针对性的市场发展策略，从而推动体育产业市场的建设。

一、体育市场

(一)体育市场的概念

1. 市场

一般来说,当前关于市场的定义主要有三种:

(1)市场是商品进行交换的一个场所,没有了市场,商品交换便无法进行。

(2)市场可以说是是商品交换关系的总和,只要有市场就存在着一定的交换关系。

(3)市场是具有一定购买力水平的消费者群体。

由以上关于市场的定义可知,市场主要有三个要素,即人口、购买力和购买欲望。可以用"市场=人口×购买力×购买欲望"这一公式来表示。这三个要素相互联系,共同发生作用,缺一不可。

2. 体育市场

体育市场的概念有广义和狭义之分。广义的体育市场是指全社会体育产品交换活动的总和;狭义的体育市场是指直接买卖体育服务产品,参与或观赏体育活动的场所。

一般来说,体育市场主要包括体育消费者、体育消费欲望、体育消费水平三个方面的要素,这三个方面之间有着极为紧密的联系,推动着体育产业的健康发展。

(1)体育消费者:体育消费者就是指购买体育消费品的人,可以分为三种类型,即观赏型体育消费者、实物型体育消费者和参与型体育消费者。

(2)体育消费欲望:指人们具有的一种消费欲望和消费需求。可以说,体育消费欲望在一定程度上反映了体育社会化程度。

(3)体育消费水平:体育消费水平的高低能在一定程度上反

映体育运动水平的高低,在某种条件下也反映出一个国家或地区的经济发展水平。

(二)体育市场的类型

1. 以供应商、产品差别程度等方面为依据

(1)完全竞争的体育市场。

在这一市场条件下,体育产品的差异并不是很大,体育经营单位进入的门槛也不高。如社会上常见的体育培训、体育健身娱乐等都属于这一类型。

(2)完全垄断的体育市场。

这一市场类型是指整个体育市场上只有一个体育经营单位参与经营活动,如体育彩票市场就是这样一种体育市场类型。

(3)垄断竞争的体育市场。

垄断竞争的体育市场是指在同一体育市场上,体育商品有一定的差别,其垄断主要体现在体育商品的售卖上,其他方面基本不存在垄断竞争。如一些小型乒乓球馆、羽毛球馆等都属于此类。

(4)寡头垄断的体育市场。

体育市场上少数体育经营单位对某一个体育市场进行了垄断,且生产和经营相同的体育商品,这一市场类型的竞争性只存在于这几家体育单位之间。如足球市场、篮球市场等都属于这一类型。

2. 以体育消费品与体育生产要素的不同功能为依据

(1)体育劳务或服务消费品市场。

这一市场类型在体育市场中最为常见,主要是指以活劳动形式存在的体育劳务商品市场。如运动竞赛、体育培训等都属于这一类型。

(2)体育实物消费品市场。

以实物形态存在的体育商品市场,就是所谓的体育实物消费

品市场。如运动器材、运动设备等都属于这一类型。

(3)体育要素市场。

体育要素市场是指由各种体育发展所必不可少的要素所组成的体育市场。体育资金、体育人才及体育科学技术等都属于这一类型。

(三)体育市场的特点

1. 体育劳务或服务消费品市场的特点

(1)时间和空间的一致性。指在体育市场交往中,各种体育劳务或服务产品在时间和空间上保持一致和统一,买卖双方在此条件下展开一切活动。

(2)市场发育的不均衡性。受各种因素的影响,体育产业市场发育的程度会有所差别,一般情况下,经济发达地区的体育产业市场更为成熟。

(3)市场需求在时间和季节上的差异性。体育消费者通常在余暇时间参与体育赛事欣赏和参加体育运动消费,因此,这就决定了市场需求在时间和季节上的差异性特点。

(4)市场大小在地区间的波动性。这一波动性主要由外界因素和主观因素造成。

2. 体育实物消费品市场的特点

(1)体育消费者人数非常之多,体育市场需求非常巨大。

(2)体育消费者的需求存在各种各样的差别,因此体育生产企业要以市场需求为依据设计与开发体育产品。

(3)市场需求具有周期性,如游泳、滑雪等季节性的运动项目就呈现出明显的周期性特点。体育产业经营者要牢牢把握这一特点和规律,加大市场供应。

(4)消费者是个人和集团的有机结合。不同专业程度的体育消费者对运动器材的需求不尽相同,因此要合理地细分体育市场

第三章　发展之钥——体育产业及市场发展理论

以迎合大众的体育消费需求,从而获得理想的经营效益。

3. 体育要素市场的特点

(1)体育人才市场的特点。

第一,体育人才的流动及其形式。体育人才流动是非常重要且最为常见的,制定科学的人才流动制度并付诸实施,对于体育产业市场的有序发展具有重要的作用和意义。

第二,我国竞技体育人才市场的特点。职业运动员的转会市场缺乏规范性;体育人才市场逐渐向国际开放,加强了运动员的引进与输出;在各种类型的运动会举办前,有针对性地增加体育人才市场的需要量。

第三,建立我国体育人才市场的若干措施。逐步建立和完善我国体育人才的公开市场;加强各行业人才的沟通与交流;建立合理有序的体育人才流动法律或法规。

(2)体育技术市场的特点。

体育技术市场是指体育技术商品的交换市场。一般来说,可以将体育技术市场的特点大致归纳为:第一,其归属于卖方垄断市场;第二,成交的体育技术产品大都是一次性的;第三,体育技术产品的价格需要通过供需双方协商而定。

(3)体育资金市场的特点。

体育资金市场的特点集中体现在以下三个方面:

第一,体育资金市场表现出自觉自愿的单向流动特点;

第二,社会经济发展在一定程度上影响体育市场资金的流动;

第三,运动项目及地域在一定程度上影响体育市场资金的流动。

(四)体育市场体系

体育市场体系是由各类相互联系、相互影响、相互制约的体育市场构成的一个有机统一体。[①] 随着现代社会的不断发展,

---

① 苏秀华.体育产业经营与管理[M].北京:北京体育大学出版社,2008.

我国逐渐建立和形成了一个较为完善的体育市场体系。可以说，体育市场体系是整个社会主义市场经济体系下的一个子系统，其负责的工作主要包括三个方面，即体育劳务或服务消费品市场、体育实物消费品市场以及体育要素市场，这三方面的因素缺一不可。

体育市场体系能在很大程度上促进供给与需求之间的良好沟通，而且还能在一定程度上改善体育产业市场发展的秩序，从而对体育资源的优化配置的实现创造有利的条件，发挥出最大的资源效益。

二、体育消费者行为

（一）体育消费的含义及体育消费者分类

1. 体育消费的含义

体育消费，简单意义上来说，就是指直接从事体育活动的个人消费行为。

体育消费是人们在满足了生存消费之后才出现的一种行为，是随着人们的生产生活的发展而出现和发展的，它在一定程度上体现了社会文明的发展和进步。

2. 体育消费者分类

通常情况下，体育消费者主要分为以下三种类型：

（1）欣赏型体育消费者：指为达到观看、欣赏目的，满足自己心理需求的消费类型。

（2）实物型体育消费者：指的是具有购买各种和体育活动有关的体育实物消费资料的体育消费行为。

（3）参与型体育消费者：购买各种和体育有关的体育劳务或服务消费品的体育消费行为的体育消费者。这一类消费群体非常重要,是体育产业市场的重要主体,体育产业的经营者与管理者要密切注意这一群体的变动情况。

(二)体育消费者行为及其阶段

1. 体育消费者行为的含义

体育消费者行为是指体育消费者围绕体育消费品的购买决策过程而产生的一系列心理和生理活动的总称。[①] 一般来说,体育消费者行为主要包括心理活动和生理活动两个方面。心理活动主要指的是消费动机等行为,而生理活动则是指购买行为,二者有着明显的区别。只有在产生了购买动机后才能有购买行为,二者有一定的先后关系。

2. 体育消费者行为阶段

通常来说,体育消费者行为可以分为以下六个阶段,如图 3-1 所示。这六个阶段的内容是密切联系在一起的,缺一不可。

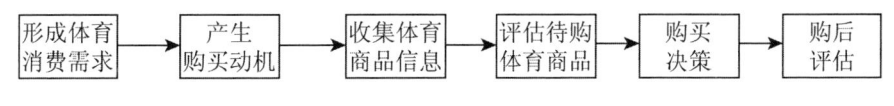

形成体育消费需求 → 产生购买动机 → 收集体育商品信息 → 评估待购体育商品 → 购买决策 → 购后评估

图 3-1

(1)第一阶段:消费者形成消费需求。

消费者在购买相关的商品前,首先要形成一定的需求和购买动机,这是一个重要的前提条件。消费者只有具有一定的体育消费需求才能产生一定的购买行为,这一阶段必不可少。

(2)第二阶段:消费者产生购买动机。

消费者在具备一定的体育消费需求后,能否产生购买动机,会受到各方面因素的影响。其中,生理因素、心理因素、社会因素、经济因素等都是最为重要的几个因素。消费者在经过这些因素的刺激和影响后会产生心理的冲动,即购买动机。

---

① 苏秀华.体育产业经营与管理[M].北京:北京体育大学出版社,2008.

(3)第三阶段:收集商品信息。

消费者获取信息的来源是多种多样的,作为体育产业的经营者一定要充分了解消费者是从什么渠道获得商品信息的,如相关团体、广告等。只有了解了这些信息,体育产业的经营者才能有针对性地展开产品的宣传与推广,从而更好地激发消费者的购买动机。

(4)第四阶段:评估待购体育商品。

消费者在产生了一定的购买动机后并不一定会直接购买,还会对所要购买的商品进行一定的评估,然后才决定是否购买。因此,作为体育企业一定要仔细整理和分析消费者的这些信息,以准确把握消费者的基本情况。

(5)第五阶段:购买决策。

消费者在产生购买动机并作为一定的分析和判断后就会产生一定的购买决策。但需要注意的是,即便做出购买决定,也并不等于购买,这是因为体育消费者在购买过程中还会受到其他因素的影响,如体育消费者自身的因素,以及他人态度和意外情况等。

(6)第六阶段:购买商品后的评估。

消费者在购买商品后还会对商品进行一定的评价。通常情况下,如果消费者对购买的商品持满意态度,会再次购买或者推荐别人购买;反之,如果对购买的商品不满意,就会得到相反的结果。由此可见,体育企业经营者一定要重视体育消费者的评价,必须要为消费者提供可靠的产品或服务,否则就会影响体育企业的长远发展。

(三)体育消费者行为的特点

1. 体育消费者需求特点

体育消费需求属于一种高层次的消费需求,其特点大致可以总结为以下四个方面:

(1)差异性。

体育消费者的年龄、兴趣、爱好、职业都会导致其在参与体育消费时出现较大的差异性。

(2)层次性。

体育消费者的体育消费需求层次有高低之分。当体育消费者的低层次消费需求得到满足时,就会逐渐推进到较高层次的体育消费需求,因此,其是呈逐渐递增的发展趋势的。

(3)伸缩性。

体育消费属于一种闲暇消费,人们只有在闲暇时间里才有可能参加体育消费,因此,体育消费需求的弹性较小。

(4)可诱导性。

可诱导性是消费者需求的一个重要特点,具体是指体育企业通过各种途径和手段充分了解体育消费者的情感变化对其购买行为产生一定的诱导作用。

2. 体育消费者购买动机的特点

(1)求新动机:消费者为紧跟时代发展的潮流而通常倾向于追求体育商品的个性和时尚,以满足自己的个性化需求。

(2)求奇、求特动机:体育消费者追求商品的特殊性和奇特性,那些特殊造型及风格的商品更容易受到消费者的青睐。

(3)求刺激动机:体育商品具有一定的感官刺激和精神刺激的特点,能激发消费者的购买动机。

(4)求现场气氛的动机:如在体育赛场浓厚的气氛下,消费者能极大地宣泄自己的情绪,因此这些赛事深受体育迷的欢迎和喜爱,他们能在赛场上尽情宣泄自己的情绪。

(5)求强身健体的动机:这部分消费者参加各种消费活动是因为具有强烈的追求强身健体的动机,如参加体育俱乐部健身等。

(6)求欢度余暇的动机:这部分消费者参与体育消费主要是为了满足自己充实余暇生活、陶冶情操的需求。

(7)求社交的动机:这部分消费者参与体育消费主要是通过体育活动来实现商业交易的目标,具有很强的针对性和目的性。

(8)求身价的动机:这部分消费者参与体育消费主要是为了彰显自己的身份和地位,如参加高尔夫、马术等各种"贵族"运动。

3. 体育消费者购买活动的特点

体育消费者的购买活动呈现出以下几个不同的特点:

(1)理智型。

这一类型的体育消费者头脑一般都比较冷静,对事物具有独到的见解和看法,不容易受外界各种因素的影响。

(2)冲动型。

这一类型的消费者感情一般都比较丰富,非常容易受外界因素的影响,通常在偶然的情况下做出购买行为。

(3)经济型。

这一类型的消费者非常关注商品的价格,他们产生购买行为需要经过一段时间的深思熟虑,在认为某一商品值得购买后才会产生购买行为。

(4)习惯型。

这一类型的消费者通常养成了一定的体育消费习惯,习惯于在某一个或者习惯于购买某种体育商品,其购买行为具有一定的固定性,外界因素很难促使其发生改变。

(5)情感型。

这一类型的消费者通常有着深刻的情感体验和丰富的想像力,通常会受到促销等因素的诱导而产生购买行为。

(6)群体型。

这一类型的消费者通常不会单独进行体育商品的消费,而是跟随集体活动,如参加健身房锻炼、参加羽毛球活动等。

(7)不定型。

这一类型的体育消费者购买心理非常不稳定,其购买行为容易受他人意念的影响。

(四)体育消费者行为的影响因素

1. 体育消费者自身因素

具体而言,影响体育消费者购买行为的因素主要有以下四个方面:

(1)家庭经济状况。

一般来说,进行体育消费的消费者一般都拥有比较好的经济条件,体育企业经营者要充分考虑消费者的经济状况去设计产品,确定产品的价格,为消费者提供高质量的产品和服务。

(2)职业和文化水平。

不同职业和不同的文化水平也会影响消费者的体育消费水平。因此,这就要求体育产品经营者要有针对性地制定营销策略,积极引导消费者进行合理的消费。

(3)个性与爱好。

体育消费者的个性和爱好也会影响其购买体育产品。比如,喜欢某位球星或者某支球队,往往就会产生一定的购买力。因此,这就要求体育经营单位要充分了解和掌握体育消费者的个性和爱好,以此设计符合其心理需求的体育产品。

(4)年龄和性别。

体育消费者的购买行为也在一定程度上受到年龄和性别因素的影响。通常情况下,男性倾向于选择对抗较为激烈的运动项目,而女性则倾向于选择比较柔和的运动项目。青少年倾向于选择惊险刺激的运动项目,老年人则倾向于选择运动量和运动强度都较小的运动项目。因此,这一方面的差异比较明显。

2. 体育经营单位自身因素

(1)体育经营单位形象。

体育经营单位的形象也在一定程度上影响着消费者的购买行为。因此,体育企业经营者必须重视自身的形象建设,为消费者树立一个良好的形象,这体现出体育企业的经营能力。

(2)体育产品形象。

大量的实践表明,体育产品形象的好坏会对体育产品的销量产生至关重要的影响。因此,体育经营单位一定要重视树立良好的体育产品形象,否则就难以得到消费者的青睐。

(3)体育经营单位的销售服务工作。

体育经营单位的销售服务工作是非常重要的,因为这直接影响到消费者的购物体验,对体育企业的长远发展具有非常重要的影响。一般来说,体育企业经营者的销售服务工作主要包括以下三个方面:

第一,售前服务的主要目的是了解消费者的心理需求与基本情况,以为其提供有针对性的服务,促使消费者产生购买动机。

第二,售中服务对消费者产生购买行为会产生非常重要的影响,因此体育企业必须十分重视售中服务,要在销售的过程中为消费者提供细致周到的服务,这样才能促使消费者产生购买行为。

第三,售后服务的工作最为重要,它会直接影响到体育消费者将来的购买意向。体育产品售出以后并不意味着销售工作的完成和结束,而是销售工作仅完成了第一步,售后服务如何会深深影响到顾客的购买体验。因此,体育企业要对此重视起来。

除此之外,体育消费者的家庭成员、亲戚朋友、同学、同事和邻居等群体也会在一定程度上影响到消费者的购买行为,体育企业也应考虑到这些因素。

第三节　体育产业市场运营与管理理论

一、体育产业市场运营与管理的要素

通常来说,体育产业市场运营与管理的要素主要包括体育产

品、环境要素、人力资源、财力资源和物力资源等几个方面,通过这些要素的分析能帮助我们更加深刻地认识体育产业市场的内涵,从而为建设体育产业市场提供必要的基础。

(一)体育产品

体育产品属于体育产业运营管理中的核心要素,是体育产品生产企业开展经营活动的重要基础,可以说没有了体育产品,体育产业活动便无法进行。体育产业的经营者总是在要围绕打造良好的体育产品展开工作,这样才有意义。

一般来说,体育产品主要包括以下三个方面的内容:

(1)体育劳务产品:各种类型的体育竞赛或表演、运动训练指导、运动健身服务等。

(2)体育实物产品:体育运动装备、体育设施、体育器材等。

(3)体育精神产品:各种体育报刊、体育图书、影视录像等。

(二)环境要素

环境要素是体育经营与管理环境中最为基本的条件和要素。体育产业的健康发展离不开良好的环境,因此环境这一要素非常重要。一个良好的产业环境能为体育产业从业者提供广阔的生存空间和良好的活动场所,能帮助其顺利地展开各种体育产业经营活动。

(三)人力资源

人力资源,即体育产业的经营管理者和被管理者,二者都是体育产业经营与管理系统中的重要组成部分,对于体育产业活动的顺利开展起到非常重要的作用。

在体育产业经营与管理活动中,人是最为重要的主体,只有在人的主观活动下,体育产业活动才能顺利开展与实施。对于管理者而言,必须要具备良好的体育产业知识基础和掌握现代企业管理的方法。总的来说,体育产业从业人员的综合素质如何将直接影响着体育产业经营的效益及体育产业的健康发展。

一般来说,体育产业的经营管理者应具备以下几个方面的素质:

(1)要想经营好体育产业各方面的工作,体育产业的从业人员要对体育产业有一个正确的认知,充分认识与了解体育产业系统的内部结构和要素,掌握体育产业经营管理的方法。

(2)体育企业的管理者必须要掌握体育运动发展的基本规律,熟悉体育产业的特点和发展规律。

(3)体育企业的管理者必须要掌握丰富的产业经营管理理论知识,并具有出色的企业管理的能力。

(4)要做好充分的调查,了解体育产业部门员工的思想动态,做好员工的思想工作。

(5)作为体育企业的管理者必须要具备出色的组织管理能力和领导能力。

(6)体育企业的管理者在遇到突发事故时要临危不乱,能镇定地处理好各种问题。

(四)财力资源

财力资源是保障体育产业经营管理活动顺利进行的重要基础,可以说任何产业活动的顺利开展都离不开资金的支持,否则体育产业活动就难以顺利进行。如果没有雄厚的财力基础,就无法购买必要的设备,无法聘请优秀的体育从业者,不利于体育产业活动的开展。

关于体育产业财力资源的获取,主要有以下两个途径。体育产业管理人员要结合起来利用。

1. 国家财政拨款

体育产业的发展在一定程度上代表着综合国力的强盛,因此世界上各个国家都非常重视体育产业市场的建设与发展。为促进体育产业的发展,国家政府通常会进行大量的拨款以用于体育产业市场的各方面建设。我国体育法中就非常明确地指出了政府在发展体育事业中应该负有的责任："国家发展体育事业,开展群众性的体育活动,提高全民族身体素质。"因此,国家财政拨款对于体育产业的发展非常重要,是体育产业财力资源获取的一个重要途径。

2. 社会筹集

目前,我国体育产业经营管理财力资源的社会筹集包括集资（筹集社会闲散资金）、捐资（无偿或有偿的援助、赞助或捐赠）和借贷（向金融机构借款）三种形式。这三种形式都是社会集资的重要形式,是体育产业财力资源的有益补充,一定要重视起来。

(五)物力资源

体育产业的发展离不开各种物力资源,如各种建筑物、原材料等都属于物力资源的重要内容,体育企业管理人员要制定科学的管理规划,努力提高物力资源的使用率,最大限度地发挥这些物力资源的使用价值。

二、体育产业市场经营与管理的环境

一个良好的管理环境对于体育产业的发展具有非常重要的意义,因此,加强体育产业市场经营与管理环境建设至关重要。下面主要对体育产业市场经营与管理的外部环境做出具体的研究与分析。

(一)宏观环境分析

1. 经济环境

体育产业经营管理的经济环境是影响体育产业经营管理的最直接、最基本的因素。在具体的体育产业活动中,经济环境主要包括经济条件、经济特征、经济联系等几个方面。

在体育产业发展的过程中,必须要充分考虑国际体育市场的发展。一方面,当前大量的国外体育企业进入我国体育产业市场中,在一定程度上夺走了我国本土体育企业的市场份额,对我国体育企业的发展形成了较大的冲击;另一方面,我国大部分的体育企业难以与世界知名体育企业相抗衡,无法走出国内走向国际市场。因此,在这样的环境下,我国体育企业要努力促进自身的发展,以适应国际体育市场的竞争。在发展的过程中,我们要取长补短,促进我国体育产业市场的建设与发展。

2. 政治环境

一般来说,政治环境主要包括政治制度、社会体制和方针政策等多个方面。一个良好的政治环境对于体育企业的发展具有重要的影响,这些政治因素会在很长的时间里影响到体育企业的经营行为和投资行为等,因此,体育企业的管理者一定要引起高度重视。

我国政府非常重视体育产业的发展,制定了大量的有利于我国体育产业发展的政策和文件,同时还确立了一些主导性体育产业。这些主导性体育产业发展到一定程度后又带动其他体育产业快速发展。可以说,我国体育产业面临的政治环境是比较好的,有利于体育产业的健康发展。

3. 法制环境

在市场经济发展的背景下,各产业市场的竞争非常激烈,只有通过竞争才能实现资源的合理配置,各产业市场才能获得发展。产业市场的健康发展不是无序的,需要一个良好的法制环境做保障。因此,为了获得一个良好的竞争环境,必须要制定相关的法律法规,确保市场投资主体获得平等的权利,并监督各市场主体能否履行相应的义务。对于体育经营企业而言,只有拥有了良好的法制环境,才能顺利地开展各项经营活动,才能充分调动

第三章 发展之钥——体育产业及市场发展理论

体育生产企业人员的积极性,推动体育产业的快速、健康发展。

4. 自然环境

体育产业市场的经营与管理也离不开一定的自然环境因素,这些自然环境因素主要包括地理、人口等因素,它在一定程度上影响着体育生产企业经营的内容和效益。因此,体育企业管理人员要给予重视。

5. 社会文化环境

社会文化环境也会对体育产业的经营管理产生重要的影响。社会文化环境的内涵非常丰富,其中主要包括价值观、宗教信仰、民风民俗等内容。这些要素都会对体育产业的发展产生一定的影响。其影响重要表现在两个方面,一方面是影响体育产品的生产和消费;另一方面主要影响体育企业管理人员的经营管理行为。因此,作为体育企业的管理者一定要重视社会文化环境的建设。这是体育产业市场发展的重要基础。

总的来说,发展体育产业的根本目的在于增强国民体质,促进我国体育事业与社会经济的发展。这也是近年来我国大力推动全民健身发展的一个非常重要的原因。同时,这也为我国体育产业的发展提供了一个广阔的发展空间,体育企业要把握这一历史的机遇,促进体育产业的进一步发展。

6. 科技环境

随着现代社会的不断发展,科技水平越来越高,科技在产业发展乃至人们日常生活中都扮演着越来越重要的角色。因此,加强科技环境的建设对于体育产业的发展具有重要的意义。对于政府而言,要想进一步提升我国体育企业的竞争力,就需要利用科技要素转变旧有的粗放型生产方式,为体育企业的发展营造一个良好的科技环境。

在体育产业发展的过程中,各体育企业管理人员必须要有一定的创新意识,这样才能在激烈的竞争中求生存、求发展。这就要求体育企业管理人员必须经常了解科学技术发展的新动向,掌握行业内的新技术,努力保持竞争优势,获得快速发展。

(二)微观环境分析

微观环境对一家体育企业的经营与管理也会产生极为重要的影响,并且这一影响要比宏观环境更为直接,因此体育企业的管理人员理应重视这一方面的因素。

一般情况下,影响体育企业管理的微观环境主要包括以下几个要素:

1. 体育市场构成

了解体育市场构成是体育企业管理人员必须要做的事情,充分了解体育市场构成要素及其之间的关系有利于管理人员更好地制定与实施经营管理决策。一般来说,体育市场构成要素如图3-2所示。

(1)体育消费者。

在体育产业市场中,体育消费者是体育企业营销的对象,总体而言,其主要包括实物型体育消费者(如购买体育服装)、观赏型体育消费者(如观看体育赛事)和参与型体育消费者(如参加健身俱乐部锻炼)三种类型。

除此之外,在体育产业中,还有一些以赞助商的身份参与进来的体育消费者,它们通常用货币或产品或服务作为交换,以获得体育赛事的冠名权。通过体育赛事的举办,这些企业能获得良好的宣传效果,取得明显的经济效益。在这样的情况下,体育产业市场规模与影响力逐步扩大。

(2)体育产品。

体育产品是体育消费者满足需求的载体,具体是指体育生产者提供给体育消费者的价值交换物(或服务)。

与一般的产业相比,体育产品具有一定的特殊性,人们在参加体育消费的过程中能获得一定身心体验。因此,人们购买某种体育产品或者服务能在一定程度上获得良好的休闲娱乐的感觉以及获得成功的优越感,这是参与其他形式的消费很难能体验到的。总的来说,只要是能给观众、参加者和赞助商带来好处的设计都是好的体育产品,都可以拿来被利用。

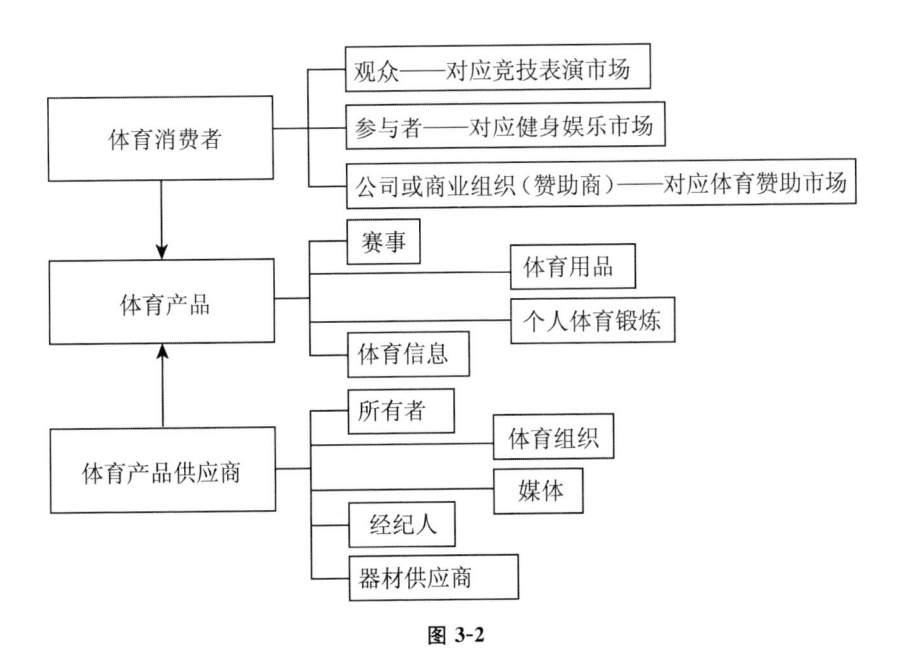

```
体育消费者 ─┬─ 观众——对应竞技表演市场
            ├─ 参与者——对应健身娱乐市场
            └─ 公司或商业组织(赞助商)——对应体育赞助市场
       ↓
体育产品 ─┬─ 赛事
          ├─ 体育用品
          ├─ 个人体育锻炼
          └─ 体育信息
       ↑
体育产品供应商 ─┬─ 所有者 ─┬─ 体育组织
                │          └─ 媒体
                ├─ 经纪人
                └─ 器材供应商
```

图 3-2

一般来说,体育产品主要分为体育赛事、体育用品、体育服务和体育信息四个部分。每一个部分都是体育产业的重要内容,体育企业要重视以上几个方面的发展。

(3)体育产品供给商。

在体育产业市场中,体育产品供应商是一个非常重要的主体。其主要包括以下几类:

①各种体育器材或设施设备等的生产商;

②各种类型的体育场馆或体育健身俱乐部等;

③职业体育俱乐部的所有者;

④各种体育组织。

2. 体育市场供需

在体育产业市场发展的过程中,体育市场供需是影响体育企业发展的重要因素。因此,体育企业经营者一定要做好体育产品的生产与服务,建立一个良好的体育市场供需关系,为消费者提供高质量的产品或服务,这样体育企业才能获得理想的经营效益。

如今,体育消费需求受到了社会上很多体育企业的关注,大部分的体育企业都能根据市场的需求设计各种优秀的产品满足消费者的个性化需求。

(1)体育市场供给。

总的来看,以下几个因素影响着体育产业市场的供给:

①生产者的预期。

在体育产业市场运营中,生产者会根据市场需求状况调整产品的产量。如果看好某一产品的发展前景,产品的价格会有一定程度的上涨,供给量也会大大的提升;如果生产者对某一产品不抱很大的期望,他们就会调低商品的价格,降低产品的产能。

②生产成本。

体育企业在生产商品时,还需要考虑产品的生产成本。通常情况下,如果体育企业的生产成本上升,就会相应地减少利润,供给量也会减少;反之,供给量则会增加,也会取得较高的利润。

③产品价格。

体育企业要想提高产品的利润,就要根据市场供需关系和人们的经济实力确定产品的价格。一个合理的产品定价对于体育生产企业的发展具有重要的意义。

④生产技术水平。

生产技术水平的高低对于体育企业的发展具有非常重要的意义。在当今科学技术快速发展的背景下,各种先进的生产技术被应用于各个行业之中,极大地提升了体育产业的效率。

但需要注意的是,生产技术水平的发展和提高需要体育企业不断加大资金的投入,引入先进的技术,为消费者带来良好的消费体验,这样才能提高产品的市场占有率。

⑤相关物品价格。

在体育产业市场中,还存在着各种各样的副产品或相关产品,如体育新闻、体育竞赛指定产品、体育娱乐设施等。这些产品也是体育产业市场的重要内容,其价格也要符合市场发展的需求情况。因此,体育企业经营者也要给予重视。

⑥政府行为。

在体育产业市场发展的过程中,政府在其中发挥着非常重要的作用。政府通过制定土地、税收等政策对体育产品的供给产生一定的影响,这会在一定程度上影响体育企业某一产品的市场供应情况。

(2)体育市场需求。

要想提高体育产品的市场占有率,体育企业必须高度重视体育市场的需求情况。一般情况下,体育市场的需求情况从以下几个方面反映出来:

①体育产品价格。

在市场交易中,价格因素非常重要,它是影响消费者是否购买商品的关键所在,一个合理的定价对于产品或服务的销售起着关键的作用。在市场经济条件下,某一种产品的价格与消费者的需求成反比,即产品的价格越高,其市场需求量就越小,而产品的价格越低,需求量就越大。对于一般的消费者而言,他们更倾向于消费那些物美价廉的产品或服务。对于那些经济条件优越的消费者而言,他们一般不大在意产品或服务的价格,而更注重产品或服务的质量。

②消费者收入水平。

人们在进行体育消费的过程中,除了考虑体育产品价格外,还要考虑自己的收入水平,收入水平的高低将在很大程度上决定着人们是否购买某一体育产品或服务。一般来说,当消费者的收入水平提高时,对体育产品的需求量也会相应地增加。反之,对体育产品的需求量就会减少。这是体育产业市场发展的规律。

③消费者偏好。

每一名消费者都是不同的,都存在着一定的差异,消费者在购买商品时通常会考虑到自己的偏好,对某种商品的偏好程度将直接影响到消费者是否产生购买行为。当消费者的偏好比较强烈时就容易引发购买行为,而偏好程度减弱时,就不容易引发购买行为。以乒乓球为例,乒乓球被誉为我国的"国球",在社会上有着广泛的群众基础,消费者的偏好程度非常高,有着巨大的市场需求。这就是消费者偏好给体育产业市场带来的影响。

④体育市场规模。

一般来说,市场规模与市场大小有着非常密切的关系。例如,与乡镇的健身市场相比,城市健身市场更大,足球的市场要比羽毛球的市场大。市场规模越大就代表市场需求量大,反之需求量则小,这是一个基本的规律。

3. 体育产业资源

体育产业资源主要包括人力资源、物力资源和财力资源等几个方面的内容,这些资源对于体育产业的经营与管理至关重要。体育企业的经营者一定要给予重视。

体育产业资源的多寡会在一定程度上影响体育企业的发展,同时体育产业资源的配置也会影响体育企业经营管理的效率。因此,一定要协调好各种体育产业资源,实现人力资源、物力资源、财力资源的优化,从而实现体育企业管理效益的最大化。

4. 体育产品消费者

要想促进体育产业市场的繁荣与发展,必须要努力提升消费者的消费水平,生产的产品或提供的服务要满足消费者的需求。就某种程度而言,体育消费者的消费水平在一定程度上反映了体育消费品数量的多少,体育企业要做好充分的市场调查,根据消费者的消费情况来调整体育产品的产量。

第三章　发展之钥——体育产业及市场发展理论

下面主要对体育产品消费者的购买行为和产品选购影响因素进行详细的分析。

(1)体育产品消费者的购买行为类型。

为促进体育产业的发展,提高体育企业的管理水平,研究体育产品消费者是尤为必要的。通过体育产品消费者的研究能为管理人员提供重要的参考依据。依据体育消费者的消费动机和购买力,可以将其购买行为分为以下四种类型(表3-2)。

表3-2　体育消费者购买行为类型

类型	购买行为	特点
经济型	购买时只重视价格与实用性,不怎么注意产品的质量或外在形式	价格是影响其购买行为的最为重要的因素
习惯型	只倾向于购买自己熟悉的品牌,对品牌认知度比较敏感	树立良好的产品形象能极大地影响消费者的购买行为
感情型	出于感情动机而产生购买行为	产品感染力较强;产品是否具有影响力,是否顺应社会的潮流将直接影响消费者的购买行为
理智型	认真思考产品的实用性、性价比等然后决定是否购买	产品是否质价相当;产品是否具有实用性;产品能否带来最大的效用性等

(2)体育消费者产品选购影响因素。

①经济收入。

消费者的经济收入如何将直接影响其是否具备购买本产品的能力。通常情况下,个人和家庭经济收入将会直接影响到消费者的消费行为,如果经济状况较好,消费者就愿意承担体育产品或服务的消费,反之则不同。

②个性爱好。

通过研究发现,消费者的个性爱好将直接影响到体育消费者对体育产品的关注度,进而影响其购买行为。个性是指一个人特有的心理素质和素养,而爱好则是指体育消费者对某一些体育商品的喜爱程度。体育企业的经营管理人员要充分了解消费者的这些个性爱好和习惯,这样能找准体育产品或服务的市场定位,有利于自身展开市场竞争。

③职业水平。

体育消费者通常表现出一定的阶层特点,如白领阶层通常喜欢参加保龄球、高尔夫球等项目,他们参加这一类的体育消费,不仅是满足自己的体育需求,而且还是满足自己的交际需求。而体力劳动者则倾向于观看各类体育赛事或体育表演等活动。总之,不同职业的体育消费者选择的体育商品或服务存在着一定的差异。

④文化水平。

体育消费者的文化水平或者受教育程度也会影响其消费行为。一般来说,文化教育程度较高的消费者,通常会选择一些高雅的与众不同的消费方式;而文化教育程度较低的消费者,则更加注重商品的实用性,商品的价格是决定其是否产生购买行为的一个重要因素。

⑤企业因素。

企业是体育产业市场的重要主体,体育企业自身的发展状况将对体育产业市场的发展产生至关重要的影响。在平时的产业市场交易中,体育企业的某些行为还会在一定程度上影响消费者的购买行为。因此,体育企业一定要重视自身产品或文化建设,努力打造一个良好的品牌形象。

企业形象:为赢得广大消费者的青睐,体育企业必须要高度重视自身形象的塑造,以获得消费者的认可,只有如此才能吸引更多的消费者前来消费。反之,如果没有一个良好的形象,体育消费者就会对体育企业的产品或服务产生抵触情绪,这不利于体育企业产品市场占有率的提高。

体育产品形象:体育产品形象对于体育企业的发展也是非常重要的,是体育经营单位形象的具体体现,其形象的好坏将直接

第三章 发展之钥——体育产业及市场发展理论

影响到体育产品的销路。因此,体育企业的管理人员或产品营销人员一定要打造良好的产品或服务形象,以为消费者带来良好的消费体验,增强体育企业产品品牌的知名度。

产品配套服务:一般来说,企业的销售服务主要包括售前服务、售中服务和售后服务三个部分,其中后两个方面最为重要,体育企业要引起高度重视。可以说,体育企业的销售服务如何将直接影响到消费者的购物体验,进而影响消费者是否会再次在本企业发生购买行为,体育企业管理人员都要重视起来。

⑥相关群体因素。

影响体育市场经营的各种因素中,体育消费者相关群体也起着一定的作用。这些相关群体是影响体育消费者行为的重要因素,有时候甚至会起到关键性作用。如社区体育组织对某种体育产品所做的某种宣传能在一定时期内对消费者产生影响,影响其是否购买这一体育产品或服务。

三、体育产业市场运营与管理的理念

(一)目标管理

在体育产业发展的不同阶段,体育企业的管理人员应根据实际情况制定合理的目标。

一方面要将制定的目标以各种形式传递给下属,明确目标标准和各层目标的连接方式,让员工充分认识与了解体育企业的发展目标或规划。

另一方面,制定的目标要客观和具体,使各层次目标逐步实现,这样才有利于实现企业总体效益。

另外,体育产业经营管理者在制定目标时还要充分考虑本企业员工的积极性,要采取各种手段与措施激发员工的兴趣,促使其主动参与到体育产业的管理活动中。

(二)关系管理

企业关系管理也是体育产业市场经营与管理所应遵循的一个原理。进行关系管理的一个重要目的在于建立、协调和维系企业在市场经营中诸方关系的行为,巩固体育企业经营者的管理活动。

一般来说,体育企业的关系管理主要包括以下几个方面:

(1)员工关系管理。一个经营良好的体育企业,一定要正确处理员工与企业之间的关系,体育企业要给予员工良好的物质和精神保障,要充分调动员工工作的情绪,增强员工的企业认同感,营造一个良好的工作环境。

(2)客户关系管理。体育企业除了要处理好内部员工关系外,还要处理好与消费者之间的关系。这是体育企业经营与管理的重要内容。消费者可以说是体育企业发展的主要驱动力,体育企业管理者一定要与广大的消费者加强沟通与交流,建立良好的双向互动的关系。这对于体育企业的长远发展具有重要的意义。

(3)伙伴关系管理。体育企业要想提高市场竞争力,就必须正确处理好与供应商、商业伙伴之间的关系。

综上所述,应用企业关系管理的基本原理对于体育产业的经营管理具有重要的启发意义。体育产业经营管理者应科学、协调处理不同关系对象之间的关系,以满足体育消费者的体育需求,增强自身市场竞争力。

(三)知识管理

知识管理是一个重要的管理理念,在当今社会背景下,知识管理主要是指对各类人才、各种技术资料、各种信息等各种要素的管理。目前知识管理已成为各行业管理的重要内容。

在体育企业经营与管理体系中,知识管理也是重要的组成部分。体育企业要想获得进一步发展,就必须进一步提升企业管理人员的核心能力,其主要包括企业人员的知识获取、知识整合、知识吸收和知识创新等几个部分。这些能力的获取是一个动态发展的过程,贯穿于体育企业发展的始终。总体来看,体育企业的经营与管理主要涉及五个方面的要素(图3-3),[①]这五个要素有着极为密切的关系,共同推动着体育企业的发展。

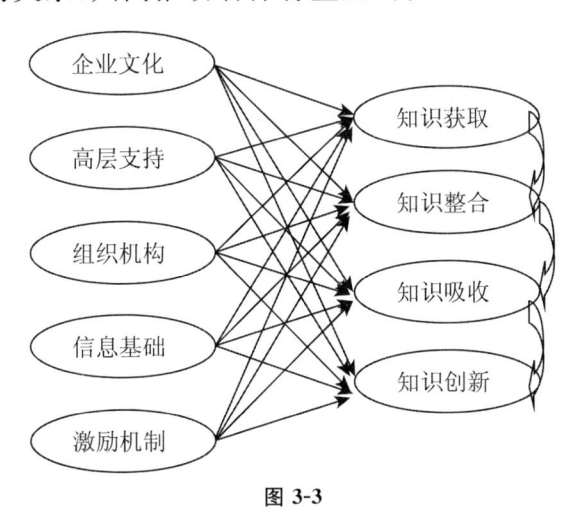

图 3-3

综上所述,知识管理在体育企业经营管理中占据着非常重要的地位,涉及人、财、物以及生产流程、经营行为和营销系统等各个方面的要素,其中企业文化建设、企业品牌的建立、知识产权的保护等都是其中的重要内容,体育企业要引起高度重视。

(四)制度管理

人是推动事物发展的重要力量。在体育企业发展的过程中,人才扮演着十分重要的角色。因此,加强体育企业人才的培养与管理非常重要。而在体育企业人才的管理中,制度管理是必不可少的内容,良好的体育企业制度是实现人才管理目标的重要基础和保障。

体育企业要想实现体育产业发展的目标,必须要做好选人、

---

① 杨俊祥,和金生. 知识管理内部驱动力与知识管理动态能力关系研究[J]. 科学学研究,2013,2(31).

用人的工作,还要通过合理的薪酬制度和劳动关系管理来留住人才(图3-4)。只有这样,才有利于促进企业的长期可持续发展。

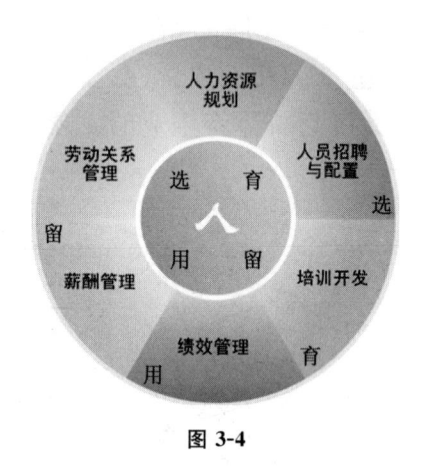

图 3-4

(五)绿色管理

环保是当今社会的一个热点,在现代社会背景下,人们的环保意识逐渐增强,绿色消费已深入人心。与其他行业的发展一样,体育产业也必须坚持走绿色发展的道路,不断开拓绿色消费市场,实施绿色化管理。

体育产业与环境保护之间的关系非常密切。如体育旅游业对自然体育旅游资源的开发利用,体育赛事举办对场地场馆的建设和使用,都会带来一定的环境问题。要想实现环保的目标,就必须坚持绿色管理,这是体育产业市场管理的一个重要理念。在平时的体育企业工作中,必须要强化绿色消费与市场竞争理念,不断提高经营管理的科技水平,不断改善经营,实现产业资源利用与效率的最大化,最终实现产业与环保共同发展的目标。

(六)再造管理

在体育产业市场中,消费者的消费行为是时常会发生变化的,这是一个非常正常的现象,符合市场经济发展的规律。为了满足体育消费者的各种需求,体育企业除了加强自身产品或服务的创新外,还要注重自身的再造管理。再造管理的意义在于关注消费者的消费需求,避免资源浪费。

为实现再造管理的目标,体育企业必须做好充分的全面的市场调查,建立一个良好的企业信息流、技术流、物流等的运行机制,不断为消费者提供良好的产品和服务。

(七)非平衡管理

在以往的传统观念下,企业经营者一般都寻求平衡管理,追求企业的和谐平稳发展。但实际情况是,体育企业一旦进入"平衡"发展阶段,就难免出现效率低下、不便于管理等问题。因此,适当地采取不平衡管理的方式还是非常有效果的。

体育企业非平衡的管理,主要是强调体育企业要以发展和动态的眼光看问题,积极寻求体育企业发展的非平衡结构,加强体育产品或服务的创新,促进体育企业的健康持续发展。

四、体育产业市场运营与管理的原理

(一)人本原理

在体育产业市场发展的过程中,人是重要的主体,在其中扮演着十分重要的角色。因此,要贯彻"以人为主"的基本理念(即人本原理),充分调动人的主观能动性,促使其以积极饱满的热情投入工作之中,进而推动体育产业市场的建设与发展。

人本原理强调人在体育产业管理中的重要性,体育企业中的各类人才,既是管理的主体,也是管理的客体,在产业管理中,要不断完善人的个性,激发人的能动性,实现理想的管理效益,这对于体育企业的长远发展具有重要的意义。

体育企业管理人员要想实现经营和管理效益的最大化,要始终贯彻人本原理,在这一原理的指导下开展体育企业的各种活动。需要注意的是,在开展企业活动的过程中还要遵守以下几个原则。

1. 行为原则

行为可以说是人们思想、动机、思维等各方面因素的综合反映。一般来说，人的行为主要受动机支配，有什么样的动机就会产生什么样的行为。在具体的体育产业管理中，管理人员要充分利用好行为原则，依据人的行为规律和特点来开展体育经营活动。

行为原则对于体育产业活动的进行也具有重要的作用。体育企业的管理人员要充分了解企业员工的基本情况，采取各种手段和措施激发员工工作的积极性，保证体育企业活动的顺利进行。

2. 能级对应原则

能级对应也是体育企业经营与管理的一个重要原则。简单来说，能级对应就是指高能级办高能级的事，低能级办低能级的事。

在现代企业管理中，基本的管理结构主要分为四个能级层（图3-5）。体育企业在管理的过程中，要注意人的能级对应，根据人的能力划分等级，充分发挥各类人的才能，促进体育企业的发展。

图 3-5

第三章　发展之钥——体育产业及市场发展理论

3. 动力原则

人们做任何事情都有一定的行为动机,动机的产生需要内部或者外部的刺激,也就是说人们的一切活动都需要一定的动力支持。就企业经营管理来说,经营管理者要利用各种手段和措施激发员工工作的积极性,让他们产生工作的动力。通常情况下,可以利用以下三种动力手段来刺激员工,让员工产生积极工作的动力。

(1)物质动力:主要是通过物质奖励调动员工工作的积极性。物质动力可以说是最基本的动力,能对人们参加体育企业活动产生直接的影响。物质动力主要包括工资、奖金、福利等内容。这些都能给员工带来极大的实惠,因此利用物质动力来提高员工的积极性非常有效。

(2)精神动力:在体育企业经营管理的过程中,激发企业员工的积极性是非常重要的,如果企业员工具备了充足的精神动力,就会以积极饱满的热情投入工作之中,提高工作的效率。由此可见,人的精神对其行为会产生非常重要的影响。因此,体育企业一定要为企业员工创造良好的精神动力,利用良好的精神动力这一手段有效弥补物质动力的不足,从而推动体育产业的进一步发展。

(3)信息动力:良好的信息交流是体育企业工作顺利开展的重要保障。因此,体育企业一定要做好企业内部之间的信息沟通与交流。通常情况下,信息动力主要包括知识性动力、激发性动力和反馈性动力等几个部分。知识性动力是最基本的动力,是管理工作顺利开展的重要基础;激发性动力则是最为重要的动力;反馈性动力能使经营管理者了解自身管理中存在的各种问题,帮助其认识到自身管理与其他企业之间的差距,从而奋发向上促进体育产业管理管理目标的顺利实现。

在体育产业经营管理的过程中,以上三种动力要充分利用起来,做到优势互补,扬长避短,综合运用,这样才能充分激发员工的潜力和工作的积极性,实现体育产业发展的目标。

(二)系统原理

体育企业可以说是一个大而复杂的系统,系统内元素众多,这些元素都是处于不断的动态发展之中的。因此构建一个合理、健全的系统对于体育企业的健康发展是非常有利的。也就是说,在体育企业管理中,一定要遵循系统原理。

在具体的体育企业管理过程中,管理者要学会运用系统的原理去分析管理对象,学会优化组合系统内的各种要素,以实现体育企业管理效率和效益的最大化。

体育企业的管理人员,一定要很好地把握系统原理这一规律,在管理的过程中遵循系统原理的指导,应重点贯彻以下几个基本原则。

1. 整分合原则

这一原则要求 体育企业管理者细致入微地分析整个工作的过程,将整体分解为一个个基本要素,然后进行明确的分工,建立责任制,责任到人,最后实现"整—分—合"的目标。贯彻这一原则需要注意以下几点:

(1)树立整体观点。整体观点是大前提,最终目的是扩大整体效应,实现整体目标。

(2)在体育企业部门管理的过程中,要充分抓住分解这一关键要素。只有分解正确,分工才能合理,如果不善于分解,企业管理人员就无法抓住重点和关键,不利于后续工作的展开。

(3)分工与协作充分结合。在体育企业管理工作中,分工固然重要,但这不是最终的目的,要使体育企业内部各环节同步协调,有计划按比例地综合平衡,既分工又协作才能提高功效。在具体的工作中,要做好分工与协作的密切结合,发动集体的力量去实现工作任务和目标。

(4)明确分解对象。明确分解对象是指,在具体的体育企业管理中,要做到人、财、物等要素的统一,不能将这些要素割裂开来,否则就会影响管理工作的顺利开展。

2. 优化组合原则

在具体的体育企业管理中,管理者要根据员工的实际情况做好系统的分工。分工要有一定的标准,要根据员工的能力,按照能级对应的原则划分工作范围,以实现系统的最佳效益。这就是优化组合原则的贯彻和利用。一般来说,贯彻优化组合原则需要注意以下几个方面的要求:

(1)重视目标优化组合。体育企业管理人员要依据优化组合的基本原则,将总目标逐层分解,然后分配到下属组织或个人,下属组织或个人充分发挥自身的聪明才智,完成事先制定的目标。

(2)强调组织优化组合。体育企业优化组合的效果主要受管理者素质、能力、知识水平等方面的限制和影响,这些因素都决定着体育企业组织的管理层次、人员数量,因此一定要重视这一方面。

(3)促进人才优化组合。在体育企业员工的管理中,要本着优化组合的基本原则,做到人尽其才,实现人才的合理搭配。合理的人才搭配能很好地控制用人成本,确保各项企业工作的顺利开展。合理的人才搭配应该是既有高、中、低人才的配合,又有各种特长人才的配合,在这样的互动关系下实现整体效应。

(4)保证环境优化组合。在体育企业管理中,整个管理的环境主要由管理者、被管理者和管理环境三个要素组成,这三个要素非常重要,在一定程度上影响着管理工作效率的提高。因此,工作人员一定要重视这几个要素的优化组合,保证管理工作的顺利开展。

3. 相对封闭原则

体育企业的管理还需要充分贯彻相对封闭的基本原则,在这一原则的指导下,体育企业主要形成一个由相对封闭的回路构成的完整的管理系统,并在这一系统的运行下实现企业管理效益。一个有效的体育企业管理体系包含各方面的要素,如图3-6所示。

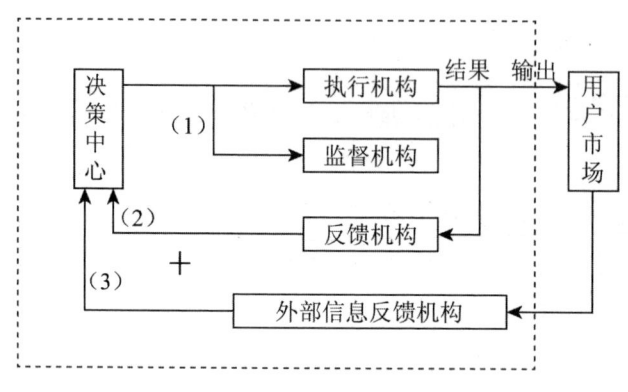

图3-6

体育企业为了更好地贯彻相对封闭这一原则,首先要正确认识体育企业管理系统内的两大关系。

(1)系统内部各要素之间的关系。系统内部各要素之间形成一个良好的互动关系能提高企业管理的效率,确保各项工作的顺利开展。依据相对封闭原则,系统内的各种管理手段和措施要构成一个连续的封闭回路。在这一系统内实现体育企业整体的效应。

(2)系统与外部相关系统之间的关系。对于体育企业经营管理系统来讲,系统的顺利运行要协调处理好内部各要素之间的关系,同时还要处理好与系统外部各要素之间的关系,这样可以保证在外部环境发生变化时,系统仍能保持正常运转而不至于发生动荡。

(三)竞争原理

要想提高体育企业的管理效益,实现健康持续的发展,就必须要建立一个良好的竞争机制。在这一竞争机制下,企业员工能充分激发自己的工作热情,以饱满的精神投入工作之中。另外,良性的竞争还能增强团队的凝聚力,提升团队的实力。总之,强调竞争的根本目的在于增进彼此间的沟通与交流,实现共同发展与提高,从而最终实现体育企业管理效益的最大化。

由此可见,引入竞争原理,将公平竞争原则贯彻到体育企业的管理中是切实可行的,具有重要的意义。需要注意的是,体育企业在运用竞争原理时需要注意以下几点要求。

1. 竞争的标准和条件要保持一致

在体育企业发展的过程中,各种竞争行为的目的在于保持发展的活力,增进企业内部人员之间的友谊,培养企业员工的团队精神。只有在竞争的环境下,企业员工才能获得发展和提高。需要注意的是,要想实现企业间或者企业内部人员的良性竞争,就需要制定相应的规章制度,所有的人员都要在规章制度的范围内行事,否则就要受到一定的惩罚。

2. 评价或制裁要公平、公正

建立一个科学合理的评价体系对于体育企业的管理具有重要的意义。在科学的评价体系下,企业员工的工作效率、工作态度等都能被检测和评价,从而帮助体育企业管理人员更好地组织与管理企业活动。需要注意的是,评价或制裁要公平、公正、合理。

3. 防止投机取巧、不正之风

体育企业的管理要做到依法办事,保证公信度,在公平的竞争条件下去发展。可以说,树立竞争意识,是推动体育企业快速健康发展的动力。但需要注意的是,这些竞争手段并非最终目的,最终目的是实现企业管理效益,获得健康发展。

(四)责任原理

责任原理是指企业为了实现经营管理的最大效益,在合理分工的基础上明确每个部门及人员所承担的责任和义务。贯彻责任原理,体育企业管理者需要做到以下几个方面的要求:

1. 明确职责

体育产业经营管理的过程非常复杂,包括各方面的工作内容,因此一定要做好必要的分工,并且明确各个员工的具体职责。

2. 合理授权

体育企业管理人员要授予员工相应的权力,要结合具体实际进行,不能过度授权,否则就会造成职权的滥用,这非常不利于体育企业管理工作的顺利开展。

3. 奖惩分明

对于体育产业系统来说,要想保证整个系统的顺利运行就必须要做到奖罚分明,这样才能充分调动员工工作的积极性,保证及时、高效地完成工作任务和目标。因此可以说,奖惩分明是员工顺利完成既定任务的重要基础。

4. 责任管理制度健全规范

体育企业效益的实现需要所有的员工共同努力,要制定一个统一目标,所有的员工相互合作,共同推动体育企业向前发展。而要想统一目标,实现共同发展,体育企业管理人员就要事先建立一套健全的管理制度,规范员工的各种行为,明确每个员工的权利和责任,这样才能充分激发员工工作的积极性,实现预期的目标。

(五)效益原理

在体育产业运营的过程中,要遵循一定的效益原理。体育产业系统中的各个环节都要紧紧围绕提高"社会—经济效益"这个中心,科学经济地使用有限的各种资源,以创造最大的社会效益和经济效益。这就效益原理的应用。

体育产业经营与管理的最终目的就是创造最佳经济效益和

社会效益。总之,要实现企业效益的最大化,需要做好以下几点。

1. 做好经营管理效益的评价

企业经营管理效益的评价是企业管理体系的重要内容,通过这一评价,体育企业能及时发现企业管理中存在的各种问题,从而采取有针对性的措施加以解决。企业效益的评价主体可以是企业管理者,也可以是经济专家,甚至可以是广大的体育消费者。目前比较常见的评价主体主要有以下三种:

(1)首长评价。这一评价主体的权威性较大,通常得出的评价结果值得信任,对体育企业的发展具有重要的影响,但这一评价主体在某些细节方面有所欠缺。

(2)群众评价。这一评价主体的规模较大,需要耗费大量的时间和精力去展开评价活动。另外,也会消耗较大的财力,不便于推广。

(3)专家评价。这一评价重视评价的细节,缺点在于只重视直接效益,而忽略了其他方面的效益。

总之,不同的评价主体有利有弊,既有优点又有缺陷,运用不同的评价标准和方法,会得出不同的结论,因此要综合运用,以求获得客观公正的评价结果。

2. 经营管理效益的实现

效益是体育产业经营管理的根本目的,不断追求效益,最终实现效益是最终目的。在管理体育产业管理效益时需要注意以下几点:

(1)以提高效益为核心;

(2)建立正确的主题经营管理思想;

(3)追求长期稳定的高效益;

(4)追求整体效益与局部效益的统一;

(5)追求经济效益、社会效益和环境效益的统一。

(六)动态原理

动态原理,是指在具体的体育企业经营管理活动中,各个要素都是不断发展和变化的,要根据经营对象的变化情况不断调整和完善各个环节的内容,以实现整体的目标。

体育企业是一个大而复杂的系统。其中包含诸多方面的要素,也包括各种资源,如人力资源、物力资源、财力资源等,这些要素和资源不是一成不变的,是始终处于不断发展和变化中的。除此之外,体育市场外部环境也会发生变化,因此体育企业管理者要充分认识到这一点,把握动态发展的基本原理,推动体育企业不断向前发展。

1. 合理运用反馈机制

反馈控制原理就是通过各种信息的反馈,对未来即将发生的行为进行人为的干预和控制。大量的实践表明,只有通过不断的信息反馈,才能帮助管理者认清发展中存在的问题,然后采取针对性的措施和手段加以解决,从而实现既定的管理目标。在体育企业经营管理的过程中,可以充分利用反馈方法来控制整个产业系统,从而促进体育产业的发展。

2. 反馈与控制相结合

在体育企业管理的过程中,管理者不仅要利用好各种反馈手段进行管理,同时还要加强系统的控制,总之就是要反馈与控制共同发挥作用,从而实现管理的效益和目标。

3. 保持经营管理的弹性

体育企业的管理环境具有不确定性的特点,因此在开展活动的过程中,管理者要留有余地,保持一定的弹性,根据外部环境的发展和变化采取针对性的措施和手段开展管理活动,这就是弹性原则。

第三章　发展之钥——体育产业及市场发展理论

体育产业的经营与管理受各种因素的影响,如果在开展活动的过程中保持一定的弹性,就能很好地应对市场各种突发事件,但是在这样的情况下,体育企业经营管理的原则性就较差。因此,体育企业管理人员要把握好管理的弹性,弹性的大小主要根据具体的管理要求、管理对象、管理目标等确定,不能盲目进行。

第四章　发展保障——体育产业结构、组织与政策

体育产业系统非常复杂,涵盖的因素非常之多,因此,要想更好地经营与管理体育产业就需要深入细致地分析体育产业中的各项要素。体育产业是一个大的系统,在这一系统之中,产业结构、产业组织与产业政策都是非常重要的内容,只有这几个部分发展好了,体育产业系统才能顺利运转。可以说,这些要素都是体育产业发展的重要保障,一定要加强这几个方面的发展。

第一节　体育产业结构优化

一、体育产业结构的概念与基本形态

(一)体育产业结构的概念

产业结构在体育产业系统中扮演着十分重要的角色,拥有一个完善的结构会对体育产业的发展产生至关重要的影响。体育产业系统包括很多的部门,各个部门之间发生着密切的联系,它们相互联系、相互制约,共同构成了一个完整的系统。体育产业生产总值的分布情况以及配置情况需要通过体育产业结构来体现,因此重视体育产业结构的发展与完善是非常有必要的。

在体育产业结构系统中,各要素之间、结构之间发生着密切

的联系。一项内容的发展必然会带动另一项内容的发展,如随着全民健身运动的深入进行,健身娱乐业获得了快速的发展,在这样的背景下,体育用品业也随之日益兴盛。因此,为促进体育产业的健康快速发展,必须要加快体育产业结构的优化与升级,建立一个健全和完善的产业结构体系。

体育产业系统非常庞大,其中包含诸多要素,每一个要素的发展都对体育产业产生重要的影响。因此,体育产业管理者一定要调整和升级合理的产业结构,保证各要素之间的良性互动,从而实现良性发展。而在研究体育产业结构及各项环节和要素时,可以从定性和定量两个层面进行考察,要重视产业系统内不同要素、不同结构之间存在的密切相关性,深入挖掘其中的意义,加强彼此之间的联系。

(二)体育产业结构的基本形态

1. 体育产业的投资结构

一般来说,体育产业的投资结构主要有两个部分,即存量结构和增量投资结构。研究体育产业结构,少不了投资结构这一形态的研究,这是调整体育产业结构的主要入手点,调整的效果如何将直接影响到产业结构的优化与升级。这主要体现在以下两个方面。

一方面,调整存量结构是优化与升级体育产业结构的重要内容之一,通过体育产业存量结构的调整能在很大程度上提高产业运营的效率,从而实现向高效率行业的流动和重组。

另一方面,为实现体育产业结构的优化,必须要在一定程度上调整增量投资结构,这一结构的调整会对体育产业内部及各体育产业各行业部门的发展产生非常重要的影响,因此体育产业管理人员一定要重视起来。

2. 体育产业的产值结构

体育产业产值结构也是体育产业的一个重要形态,这一形态主要包括外部结构和内部结构两种类型。通过体育产业外部结构可以发现体育产业的发展程度如何,而通过内部结构则能反映体育产业内部各行业的发展情况。在研究与分析体育产业产值结构时要综合这两方面的因素进行考虑。

(1)体育产业产值的外部结构。

体育产业产值的外部结构是指体育产业总产值在国民生产总产值中所占的份额,这一结构能在一定程度上反映体育产业的地位,份额越高说明其在国民经济中的地位就越高。随着现代社会经济的不断发展,人们的个性化需求及高层次需求层次越来越高,因此要想满足人民群众日益增长的各种需求,就需要相应地调整与优化、升级各项产业的结构,实现良性发展。随着现代社会的不断发展,人的需求层次也越来越高,从最初的温饱到现在追求多样化的需求,是社会经济发展导致的必然结果。表现在体育产业领域,随着体育产业的快速发展以及人们生活水平的日益提高,人们的体育消费观念也相应地得到了转变,参与体育消费的人越来越多,消费层次也越来越高,这对于我国体育产业的发展具有重要的推动作用。

(2)体育产业产值的内部结构。

体育产业产值的内部结构是指体育产业总产值在内部各分支行业中的分配比例。一个合理的内部结构对于体育产业系统的整体发展具有重要的意义,要注意系统内部各要素的协调性发展。

体育产业系统内的要素众多,可以说是一个非常庞大而复杂的系统,它主要由本体产业、相关产业和外围产业共同组成,其中本体产业是最为主要的部分。随着全民健身理念的日益深入,人们越来越意识到健康的重要性,纷纷在余暇时间参加各种健身活动。在这样的背景下,健身娱乐业逐渐得到发展,与之相应的是,人们对体育运动服装、体育器材的需求大量增加,从而促使体育用品业也获得了快速的发展。另外,当前竞技体育获得了空前的发展,在这样的情况下,竞技表演业也相应地得到了发展,参与体育运动锻炼及赛事欣赏的人越来越多,这极大地增加了我国的体育人口,为我国体育产业的发展创造了良好的基础。随着我国体育产业市场的逐步完善,以往那些难以获得发展的体育产业部门也迅速发展起来,如体育传媒业、体育广告业等都有了良好的发展势头,具有广阔的发展前景。

体育产业是重要的第三产业,其在国民经济中的地位越来越重要,日益成为我国国民经济的重要部门。体育产业的部门非常之多,具体而言,主要包括体育本体产业、体育相关产业和外围产业等几个部分,这些部门的发展对于体育产业市场的形成与完善具有重要的作用,因此要高度重视。总之,体育产业管理人员要结合当前体育产业发展的实际,协调各个方面的因素,促进体育产业的健康发展。

3. 体育产业的需求结构

体育产业需求结构是指体育市场中各种不同类型的需求数量构成。伴随着现代竞技体育的快速发展,体育产业市场也有着广阔的发展前景,在体育产业市场规模不断扩大的情况下,人们的体育消费需求也越来越多样化,这又进一步促使体育产业市场需求越来越大。总体而言,体育产业市场的需求主要包括以下几种类型。

(1)国内需求和国外需求。

按照地域标准进行划分,可以将体育需求划分为国内需求和国外需求两个类型。在全球一体化发展的今天,各个国家或地区的发展都不是孤立的,都与其他国家或地区发生着密切的联系,体育产业的发展也是如此。体育产业要想获得持续健康的发展必然突破国界,走向世界,与其他国家或地区的体育产业展开良好的互动与交流,这是当今体育产业一个重要的发展趋势。如当今规模宏大、影响力深远的足球世界杯、奥运会等大型体育赛事就是这样一种类型。

(2)中间需求和最终需求。

①体育中间需求。

体育中间需求就是指将体育产品作为中间投入而形成的投

资需求。当前,我国全民健身运动正在如火如荼地进行,人们对体育运动的需求越来越强烈,社会上出现了大量的健身俱乐部、健身房等,他们购买体育器材的行为就属于所谓的体育中间需求。

②体育最终需求。

体育最终需求是指体育产品在消费过程中的最终消耗,如上面所提到的健身俱乐部和健身房等,前来参与消费的消费者办会员卡缴纳会费等就是这里所说的体育最终需求。

(3)政府需求和私人需求。

依据体育需求的主体来划分,可以分为政府需求和私人需求两大类。其中,政府需求是最为重要的一方面,私人需求要服从于政府需求。

①政府需求。

在现代社会发展的背景下,体育产业在国民经济中的地位越来越重要,世界上各个国家和地区都非常重视体育产业的发展,纷纷制定了有利于体育产业发展的各种政策和文件。在体育产业不断发展的背景下,消费者对体育产品的需求也不断增长,对于国家政府部门而言也是如此。如举办奥运会、全运会等都需要大量的投入,这些都是政府需求的重要表现。

②私人需求。

在体育产业市场发育成熟的情况下,私人需求就成为其中最为重要的组成部分。但是在当今社会,体育产业市场的发展还没有达到这一地步,因此私人需求还不是主要内容。不论如何,要想推动体育产业市场的快速发展,都少不了体育市场需求分析,要深入细致地分析体育产业市场的结构,制定体育产业发展战略,这是体育产业获得持续健康发展的重要保证。

4. 体育产业的就业结构

一般来说,体育产业的就业结构主要有两类,即外部就业结构和内部就业结构。体育产业吸纳的就业人数在一个国家总就业量中所占的比重就是所谓的体育产业外部就业结构,而体育产业各行业吸纳就业的结构比例就是所谓的体育产业内部就业结构。这两种结构都非常重要,体育产业部门管理者要给予重视。

劳动力在人类社会发展的过程中扮演着十分重要的角色,要想推动体育产业的进一步发展,必须要注意劳动力的挖掘与培养。如果体育产业拥有了丰富而先进的劳动力,那么体育产业必将得到健康而迅速的发展。如果劳动力缺乏或者水平低下,体育产业市场就会受到影响,难以获得良好的发展。

劳动力的质量如何在很大程度上影响和制约着体育产业的发展,而体育产业市场的需求也会在一定程度上影响体育产业就业结构的完善。随着社会的不断发展,人们的个性化体育需求越来越高,这也会相应地增加体育产业的就业需求,而要想实现这一目标就需要挖掘与培养大量的劳动力。

二、体育产业结构的特征

(一)整体性特征

体育产业是一个大的系统,系统内包括多种多样的要素。系统主要是由这些要素构成的,否则就难以形成系统,因此说系统结构和系统要素之间的关系非常密切。为便于理解,我们可以把系统结构看为一个各种要素的集合体。系统的结构就是这些要素的总和。系统内各要素的发展要遵循一定的客观规律,系统整体与各要素之前相互依存,共同发展。

整体上而言,体育产业主要包括两个方面的内容,一方面是体育产品和体育服务活动,另一方面是与体育产品或体育服务有关的活动。这两个方面相互依存,构成了一个完整的产业群体,共同推动着体育产业的健康发展。体育产业内的各项活动之间有着非常强的关联效应,也有着非常复杂的耦合关系。因此说体育产业系统是非常庞大而复杂的,如果只是简单部分的叠加,体育产业是难以获得良好发展的。正因如此,体育产业作为一个大而复杂的系统才得以健康持续的发展。大量的事实表明,体育产业具有明显的集体效应和丰富的内涵,只有系统内各要素发展了,体育产业系统才能获得发展。

体育产业的管理人员,一定要深刻理解与把握体育产业结构的各种要素,采取有针对性的措施和手段不断优化体育产业结构,从而促进我国体育产业的发展。体育产业系统是一个大的结构,产业结构中的任何一个要素都与其他要素之间发生着密切的联系,如体育产业系统内一个要素的产出可以是另一个要素的投入,反之亦然。从整体上来看,体育产业系统的整体效应是其中任何一个要素都不具备的,只有各项要素共同合作才能实现产业系统整体功能,但需要注意的是,体育产业系统整体效应的实现不是简单的各要素功能之和,其远远大于各部分的功能总和。因此说,整体性是体育产业结构的一个重要特征。

(二)自发性特征

体育产业结构具有一定的自发性特征。这一自发性特征主要是通过体育产业系统的内部机制实现。在体育产业系统内,体育产业结构会自发建造,实现产业结构的升级。任何一个事物都是处于不断地变化和发展之中的,体育产业也不例外。这主要体现在产业结构本身、内部各要素以及外部环境等诸多方面。在体育产业发展的过程中,产业系统内的每一个子系统也在进行着不断地调整,好像有"无形的手"操纵着这些子系统,之所以如此,主要是因为不同子系统间存在着重要的协同与竞争作用。因此说,体育产业结构具有一定的自发性特征。

(三)转换性特征

转换性也是体育产业结构的一个重要特征。一般来说,系统结构的"转换"主要就是指系统结构的生成,系统结构在发展的过程中遵循一定的规律,不断对新材料进行加工与整理,促使自身结构发生某种有益的变化,这种调整就是体育产业结构的转换。

一般来说,体育产业结构问题主要指的是体育产业的资源配置问题。体育产业的发展机制为产业结构运转—引进物质、能量和信息—创造体育产品,通过这一程序,会生产出大量的体育产品能充分满足消费者的个性化需求。体育产业资源的优化配置基本上等于体育产业结构的转换,通过各种要素的调整与转换,能实现产业结构的优化与升级,从而引起体育产业的积极变化,促进体育产业水平的进一步提升。

(四)层次性特征

任何系统都包含诸多的子系统,子系统之间发生着密切的联系从而促使整体系统获得发展。而各个系统之间也可以发生联系,共同构成一个更为庞大的系统。体育产业系统同样如此,大系统包含诸多小系统,小系统又可以分为更小的系统。这就是体育产业结构层次性特征的体现。

体育产业作为第三产业,近些年来在我国获得了非常快速的发展。其自身主要包括八大子系统,即体育组织管理活动,体育中介活动,体育健身休闲活动,体育场馆管理活动,体育场馆建筑活动,其他体育活动,体育用品、服装、鞋帽及相关体育产品的销售,体育用品、服装、鞋帽及相关体育产品的制造。[①] 以上各个子系统又包含更低的子系统,呈现出鲜明的层级体系,因此说层次性是体育产业结构的一个重要特征。

体育产业结构具有鲜明的层次性特征,各个层次之间发生着密切的联系。正是因为各个层次结构的相互联系与配合才构成了完整的体育产业结构,因此任何一个层次结构的变化都会在一定程度上影响着体育产业结构的发展。体育产业管理人员,一定要很好地把握并分析体育产业结构的各个层次,从而制定出有利于体育产业发展的科学方案。

---

① 刘远祥.体育产业结构优化研究[M].济南:山东大学出版社,2015.

三、体育产业结构优化的目标与原则

(一)体育产业结构优化的目标

对于体育产业的发展而言,体育产业结构的优化至关重要。我们所说的体育产业结构的优化主要是指产业结构的高效化和高级化。我国早在1995年就提出了建设一个门类齐全、结构合理、规范发展的体育产业体系,这是我国体育产业发展的基本目标之一。除此之外,体育产业"十一五"规划又进一步提出:"初步建成与大众消费水平相适应,以体育服务业为重点,多业并举、门类齐全、结构合理、规范发展的体育产业体系,形成多种所有制并存、全社会共同参与、共同兴办的格局。体育产业增加值在国内生产总值中所占的比重明显提高,城镇居民人均体育消费显著增加,充分发挥体育产业在拉动消费、优化产业结构、扩大就业中的作用,把体育产业培育成国民经济新的增长点。"[1]通过体育产业结构的优化,能实现我国体育产业的可持续发展。总体上来看,体育产业结构优化要朝着以下几个目标努力:

1. 实现体育产业的可持续发展

一个国家或地区的经济要想得到健康的发展,国民经济各部门之间就必须保持一个合理的比例。体育产业要想得到健康持续的发展也同样如此。在体育产业发展的过程中,各部门要密切配合,加强彼此之间的沟通与交流,做好必要的协调工作。如果各部门各自为战,就会制约和影响体育产业的整体发展。因此,要想实现体育产业的可持续发展,首先就要保持产业内部各组织之间的良好结构,形成良好的内部互动,这才是正确的做法。

---

[1] 刘远祥.体育产业结构优化研究[M].济南:山东大学出版社,2015.

2. 结构合理化和高级化

体育产业结构的调整与完善对于整个体育产业系统的发展具有重要的影响，由此可见，体育产业结构是处于不断的动态变化之中的。为促进体育产业系统的发展，就要把体育产业结构的合理化和高级化发展作为一个重要的目标。体育产业结构的合理化是指系统内部个要素合理搭配，各部门协调发展；而体育产业结构的高级化则是指体育产业遵循产业发展的客观规律，由低级化向高级化方向发展。

3. 具备核心竞争力

为促进体育产业的不断发展，体育产业的管理人员必须要采取各种手段和措施促进体育产业结构的优化与升级，努力提升自身的竞争力，打造良好的体育产业品牌，提高其在国际上的影响力。而体育产业结构的优化与升级并不是盲目的，需要立足全局，加强创新，结合我国体育产业市场发展的实际制定可行的发展策略。总之，我国体育产业结构的优化与升级要以体育产业核心竞争力的提高为主要目标，努力提升自身的竞争力，扩大产业品牌的影响力。

4. 供需动态平衡

随着现代社会经济的不断发展，人们的生活水平也得到了极大的提高。在这样的情况下，人们的消费水平也相应地得到了提高。在物质丰富的条件下，人们开始追求更高层次的消费。体育消费就是在这样的背景下产生的。为满足人们的多样化体育需求，我国需要调整体育产品供给的弹性，以适应人们不断变化和发展着的体育消费结构。也就是说，要保持体育产品或服务供给与需求的动态平衡，进一步促进体育产业供需结构趋向协调，形成动态互动效应。这样才有利于体育产业市场的健康发展。

5. 区域协调发展

当前我国经济发展呈现出非常明显的区域性特征,东部沿海地区经济水平较高,西部地区相对落后,如何协调区域发展成为当今一个重要的课题。表现在体育产业市场方面,也同样呈现出这一态势。因此,促进区域协调发展就成为我国体育产业结构调整与优化的重要目标之一。在今后体育产业发展的过程中,我国政府部门要采取各种措施与手段协调体育产业各部门的发展,努力构建一个特色化的体育产业结构,实现体育产业资源的合理配置。在配置体育产业资源的过程中,要努力实现利益的分化,促进区域的协调发展,这样才有利于实现体育产业结构优化的目标,从而促进我国体育产业的发展。

(二)体育产业结构优化的原则

1. 整体性发展原则

整体性原则主要是要求系统整体功能大于部分功能之和。体育产业系统是一个非常庞大的系统,系统内元素众多,并且各元素之间发生着密切的联系,它们相互依存、相互制约、共同发展而构成了一个整体。体育产业的发展并不是孤立的,而是与其他产业之间有着密切的联系,否则就难以获得健康顺利的发展,体育产业及其相关产业之间可以说是相互促进、相互推动的关系,在发展的过程中既要讲究主次与侧重,又要注重整体,不能荒废了任何一方面的发展。我们在资源配置的过程中,要深入细致地分析系统内的各个要素,促进各要素的协调发展,只有如此才能充分发挥事物的整体协调功能,实现共同发展。总之,只有严格遵循整体性发展原则,体育产业结构才能获得优化与升级,体育产业系统也才能顺利地运转。

2. 层次性发展原则

通过以上内容的分析,我们可以知道体育产业结构并不是一成不变的,而是处于不断的发展和变化之中的。总之,体育产业结构在不同的阶段会出现不同的层次。因此,在体育产业结构调整与优化的过程中一定要把握层次性原则,充分把握体育产业结构的各个层次,实现产业结构的层次化发展。另外,我们还要分清什么是较高层次的要素,什么是较低层次的要素,要对其进行合理的搭配,实现协调发展。

3. 动态性发展原则

体育产业结构的优化是一个长期的过程,是一个动态发展的过程。在这一过程中,体育产业结构会发生各种各样的变化以适应产业市场变化的需求。体育产业结构的优化与升级并不是一件简单的事情,体育产业管理者要综合各方面的因素,结合本区域的资源条件、经济水平、自身特色等实际采取合理的对策,不断调整与优化体育产业结构,使之达到与上述条件相适应的各产业协调发展的状况。要促进体育产业的健康持续发展,就必须要与时俱进,遵循动态发展的基本原则。

4. 开放性发展原则

一个系统要想实现健康发展,就必须要开放和包容,要建立一个远离平衡状态的开放系统,在这一系统之下,系统内部各要素结构会发生各种各样的变化,各要素会重新组合以适应系统发展的要求。系统要素的这种变动程度是不对等的,某要素的变动,可以决定系统行为的某一参变量变化达到一定临界值而发生突变,使整个系统就由原来的较无序状态,走向新的有序状态。这种新的有序结构一旦形成,还需要增加同外界物质和能量的交换才能维持,并逐步形成一种排除外界干扰的"抗干扰力",从而保持一定的稳定性。体育产业结构的优化不是一件容易的事情,在优化的过程中会遇到各种阻力,我们要坚持系统开放性原则,加强系统内外部各要素之间的密切联系,实现健康发展。

5. 效益性发展原则

在市场经济条件下,资源配置的作用越来越重要。对于体育产业而言,要想实现资源的最佳配置和组合利用,达到最佳效益的发展状态,就必须要以效益性发展为原则进行产业结构的调整。在调整与优化的过程中要不断加强政策扶持与引导,坚持经济效益和社会效益并重的基本原则,向广大人民群众提供多样化的体育产品或服务,以满足人们的个性化体育需求。

四、体育产业结构优化的对策

(一)明晰体育事业与体育产业的关系

《国民经济和社会发展第十二个五年规划纲要》第十篇第四十四章首次以"繁荣发展文化事业和文化产业"为题,提出:"坚持一手抓公益性文化事业、一手抓经营性文化产业,始终把社会效益放在首位,实现经济效益和社会效益有机统一。"[①]这明确了我国文化事业以及文化产业的内涵及外延,为推动我国文化产业的发展与繁荣奠定了良好的基础。

关于体育事业与体育产业的概念,目前学术界还没有一个统一的定论,在很多时候这两个概念会混为一谈。针对这一情况,要想优化升级体育产业结构,首先就要明晰体育产业及体育事业的概念及内涵,找出二者的不同之处,促进两方面的共同发展。大量的实践充分表明,体育的发展既能为人们带来良好的产品和服务,还能为国家带来极大的经济价值与利益。因此我们也要明确体育产业为社会发展带来的效益,充分肯定体育事业与体育产业在国民经济中的地位。

(二)谨慎选择体育主导产业

在制定体育产业政策时,离不开政府的引导与管理,在政府

---

① 刘远祥.体育产业结构优化研究[M].济南:山东大学出版社,2015.

的带领下,谨慎选择体育主导产业。体育产业系统涵盖多个部门,同时也有很多的行业,这些行业有着一定的主次之分,优先发展主导产业,以先进带动后进是我国体育产业发展的大体思路。目前,健身娱乐业、竞赛表演业等都属于体育产业的主导产业,在各方面的推动下,这几项产业都获得了不错的发展。总的来说,只有这些主导产业获得发展了,其他相关产业才能在其带动下获得进一步发展。这与我国区域经济的发展有着一定的相似之处。

总的来看,体育主导产业的作用主要体现在以下几个方面:

第一,健身娱乐业、竞赛表演业等体育主导产业的发展能在一定程度上带动其他体育产业的发展,从而实现整体发展的目标。

第二,体育主导产业涉及的部门及行业众多,如健身娱乐业的发展需要大量的体育场馆和器材、设备等,竞赛表演业的发展需要一定的体育传媒做保障,因此相应地这些产业都能在体育主导产业的带动下获得良好的发展。

第三,健身娱乐业、竞赛表演业等体育主导产业的发展还能带动周边餐饮、交通、房产等行业的发展,起到重要的辐射效应。

体育主导产业具有很强的扩散效应和转换效应,这已经是被大量的实践证明的事实。如体育竞赛表演业、体育健身娱乐业、体育技能培训业等能在社会上产生广泛的效应和影响力,改善人们的精神文化生活。随着人们生活水平的不断提高,全民健身的理念日益深入,人们充分意识到健身的重要性,对体育的需求日益多元化,很多人加入体育培训活动之中,这推动着体育健身娱乐业的健康持续发展。随着人们物质生活水平的不断改善,人们有了多余的时间和金钱去参加各种活动和消费,众多的体育爱好者开始寻求体育运动方面的消费,或参加健身俱乐部活动或去现场欣赏体育赛事,这极大地推动了体育竞赛表演业的发展。众多的体育赛事爱好者通过参加或观看体育比赛,会产生一定的学习与提高运动项目技能的欲望,这就为体育技能培训业的发展奠定了良好的基础。

随着现代社会的不断发展,体育产业在国民经济中的地位越来越重要,一些核心产业如体育技能培训业、竞赛表演业等能够发挥关联链式效应,能极大地带动体育产业的发展。这些核心产业在发展的过程中,又会对人们的体育需求产生一定的刺激作用,如大型体育赛事、大型运动会的出现就是这种刺激的结果。除此之外,大量的体育赛事的举办还能有效促进城市基础设施建设,有利于城市现代化建设。另外,体育核心产业的发展还能在一定程度上改变人们的价值观念和思想观念,而这可为体育产业结构的优化与升级奠定良好的基础。

(三)大力促进体育主导产业的发展

1. 增加社会先行资本和投资率

大量的实践与事实表明,体育主导产业具有一定的扩散效应,但是这一效应需要大幅地进行社会先行改变,即为体育产业结构的升级积累一定的社会先行资本。通常来说,要促进生产性投资率的提高,促进积累在国民收入中比例的提高,最好要超过10%。总之,体育主导产业之所以能够形成并获得发展,主要原因就在于这些投资和积累对于体育产业结构的优化与升级具有重要的意义。

为推动体育产业的不断发展,政府部门要采取各种措施和手段加强各种体育产品与体育服务的开发与建设,不断丰富和完善体育供给,以满足广大人民群众日益增长的体育需求。此外,还还要深入细致地研究与分析体育产品市场,选择合适的目标市场,选择合适的体育项目,依据目标顾客的体育需求展开体育产品的销售和服务,并不断优化与升级体育产品结构。对于国家和政府部门而言,还要给予体育企业必要的政策优惠,鼓励各类体育企业研发新产品,不断增加体育需求。政府部门还要

第四章 发展保障——体育产业结构、组织与政策

加大基础设施建设的投资力度,积极组织社会力量投入体育基础设施建设当中,这样能为推动体育产业的发展创造良好的基础条件。

2. 确保市场需求的充足性

体育主导产业的健康发展需要满足各方面的条件,其中良好的市场需求就是其中一个。在体育主导产业发展的过程中,要实现体育产业结构的调整与优化就需要从体育消费入手,不断拉动人们的体育消费,促进人们消费水平的提升。为实现体育主导产业发展的目标,我国政府及相关部门除了重视竞技体育产业发展之外,还要协调好群众体育与竞技体育之间的关系,不断推动群众体育的健康发展。可以说,群众体育是竞技体育发展的基础,只有群众体育获得发展了,竞技体育才能获得相应的发展。为此,相关部门要积极策划一些科学的体育健身活动,促进人民群众参与其中,不断挖掘与扩大体育产业市场的规模,实现体育产业市场的可持续发展。另外,为推动我国体育主导产业的发展,还可以建立一些体育指导中心和健身俱乐部,以满足广大人民群众的健身需求。一般而言,扩大体育产业市场需求,可以采取以下手段:

(1)对各类体育市场积极开发。

在开发与建设体育产业市场的过程中,我们可以通过培育、引导等方法来开发和建设体育健身娱乐市场(表 4-1)。

表 4-1 需要开发的体育健身娱乐市场[①]

体育市场	目标对象	开发项目及产品
青春美容健身娱乐市场	男女青壮年	以健美、减肥等为主的参与型体育健身娱乐产品
银发健身市场	中老年	康复咨询、气功养身、运动处方等健身保健产品

① 刘远祥. 体育产业结构优化研究[M]. 济南:山东大学出版社,2015.

续表

体育市场	目标对象	开发项目及产品
多功能高档体育健身娱乐市场	高收入阶层	为健身、休闲、娱乐、公关及商务活动等提供服务,产品有高尔夫、网球、保龄球、马术等
娱乐性体育健身娱乐市场	现代都市居民	满足回归大自然、欢度闲暇的需求,开发一些休闲性、趣味性较强的自然体育项目
竞赛表演市场	竞技体育爱好者	发展球迷经济、赛事经济,扩大需求,如足球竞赛、篮球竞赛等
体育培训市场	青少年	满足青少年群体的体育娱乐需求,如游泳、羽毛球、跆拳道、轮滑等项目

(2)适应各类体育市场。

体育产业市场经营者可以根据消费者的需求差别细分总体市场,根据现有的情况选择合适的目标市场和体育项目,制定合理的价格,积极开展各种体育产品促销活动,不断满足人们的体育需求。

(3)转变居民消费观念。

扩大居民体育消费,提高人们的体育消费水平要从根本上转变人们的体育消费观念,这是非常重要的。相关部门要积极引导居民建立正确的体育消费观念与意识,让人们深刻认识到体育健身的重要性,树立"体育健身就是素质、品位、发展机会、生活质量"等新观念。除此之外,还要不断激发居民参与体育消费的动机,促进最终消费需求的增长,这对于发展体育主导产业是非常有利的。

3.进行配套制度改革

在调整与优化体育产业结构的过程中,体育产业部门要真正转变经济增长方式,建立科学的支持体育产业发展的制度。一定意义上而言,体育产业结构的优化升级能否实现,就主要取决于

第四章　发展保障——体育产业结构、组织与政策

是否有良好的产业制度。制度是体育产业市场发展的重要保障。这就要求我们要转变政府职能，不断完善社会主义市场经济体制，制定各种有利于体育产业市场发展的制度。加强体育产业制度建设与改革，可以从以下几个方面开展：

首先，体育资源配置离不开市场主导作用的发挥，政府部门要不断转变管理体育产业的方式，采取各种宏观调控手段确保体育市场经营活动的正常开展。

其次，政府要制定一个体育产业发展战略规划，制定各种政策引导和鼓励体育企业的发展，将成本意识、激励机制、竞争机制等引入体育产业，重点培育与发展健身休闲服务业、竞赛表演业等主导产业，并带动其他相关产业的发展。

再次，采取必要的手段与措施促进体育关联产业的发展，建立以市场为龙头、需求为导向、效益为核心的体育产业结构，以形成一个合理的体育产业发展格局。同时还要建立一个与市场经济要求相符的交易与管理规则，积极推动体育产业体制改革试点，进一步完善体育产业结构。

最后，虽然体育产业的发展离不开政府的支持与保护，但也不能对其进行过分的行政干预，否则就会影响体育产业的进一步发展。政府要从政策与资金上给予体育企业支持，可以制定各种税收优惠政策发展体育产业。除此之外，政府还要建立一个技术创新体系，鼓励体育企业建立自主品牌，扩大品牌影响力和竞争力。

4. 制定创新策略

首先，运用现代科技手段提高自主创新能力。随着现代社会的不断发展，科学技术在人类社会中扮演着越来越重要的角色。大量的实践充分表明，利用新科技可以很好地解决产业结构性矛盾问题，促进体育产业结构的优化与升级。在利用新科技进行产业结构调整的过程中，需要合理调整研发支出结构，提高科技研发资金使用率。因此，政府部门要制定一个明确的扶持政策，扶

持体育企业实施品牌化发展战略。

其次,鼓励体育企业提供创新性服务,从产品设计、品牌销售、售后服务等方面着手,提高体育产品的附加价值,充分吸引消费者参与体育产品或服务的消费。

再次,建立科学和完善的体育产品质量监管和认证体系,不断提升我国体育产品的国际竞争力,打造知名的世界体育品牌。

最后,积极培养人才。要不断提升体育产业人力资源的数量与质量,培养各类体育产业人才,并不断提高其业务能力,这对于体育产业结构的优化与升级是非常有帮助的。

(四)统筹优化区域产业结构

优化区域产业结构需要注意以下几个方面:

1. 以市场建设为主,政府指导为辅

体育产业的健康发展,需要各个方面的协调配合,其中,市场与政府的配合是非常重要的一个方面。体育产业的发展既需要政府部门的宏观调控,又需要市场经济体制的调节作用,只有二者密切配合才能促进体育产业市场的健康发展。而在体育产业结构优化与升级的过程中,也同样需要这两个方面发挥作用。需要注意的是,在发展的过程中,要注意二者的主次,要以市场调节为主,政府指导为辅,二者协调配合共同推动体育产业结构优化与升级目标的实现。

2. 发挥区域间互补的整体优势和综合比较优势

我国地大物博,各区域存在着明显的差异,因此我们要以各地区的具体实际为依据,合理地调整与规划区域体育产业结构,既要发挥不同区域的比较优势,又要创造各区域的竞争优势。

(1)充分挖掘与开发各区域的优势资源。

为促进区域体育产业经济的发展,必须要充分利用好地区资源优势,优先发展具有当地特色的产业部门。在这些部门获

第四章　发展保障——体育产业结构、组织与政策

得一定程度的发展后再带动其他产业部门的发展,从而建立一个优势互补、各具特色的区域体育产业链,提升区域体育产业的竞争力。

(2)发展西部体育旅游业。

在西部大开发的战略下,发展我国西部体育旅游业也是一个重要策略,西部地区有着风格独特的体育旅游资源,能深深吸引旅游爱好者的目光。推动体育旅游在这一地区的发展,能起到很好的辐射效应,对于我国体育产业的整体发展具有重要的意义。

(3)加强中西部体育产业基地的建设。

我国中西部拥有比较丰富的体育资源,因此政府部门要重视这一地区体育产业的发展。其中,在中西部建立必要的产业基地是一个重要的策略,通过合理地规划产业布局,促进本地区体育产业的协调发展。

3. 建立一个统一开放、竞争有序的区域市场体系

我国各区域在经济方面存在着较大的差距,这一现状在很长一段时间内将长期存在。为推动各区域体育产业的发展,我们要继续加大体制改革力度,制定科学有效的区域发展政策,不断打破区域间的分割状态,逐步消除地区壁垒,不断完善市场调节机制,从而建立一个合理有序的体育产业市场体系。

第二节　体育产业组织建设

一、体育产业组织构成

(一)体育市场结构

如今,体育产业市场获得了非常快速的发展。在当前发展态势下,体育产业市场的结构主要有四种类型,即完全竞争、

完全垄断、垄断竞争和寡头垄断四种。其中,后三种类型最为常见。

(1)完全垄断型市场结构。这一类型的垄断市场的基本特征是垄断组织利用各种手段构建自己的市场贸易壁垒,排除其他竞争者,追求市场利润最大化。对于垄断体育组织而言,一切经营或管理活动都由自身开展,其他组织或个人不能介入,有着较强的封闭性。

(2)垄断竞争型市场结构。垄断竞争型的市场结构是一种竞争性非常充分的市场结构。垄断竞争型市场结构中包括各种类型的商业俱乐部和会员制的社区体育组织,其企业主体是大量的规模较小的企业。

(3)寡头垄断型市场结构。寡头垄断市场在当今体育产业市场中也非常常见,如体育广告业、体育娱乐业、体育建筑业等几个行业都具有一定的寡头垄断特征。在体育产业体系中,竞技体育具有非常明显的寡头垄断特征。它建立和形成了一个非常强大的垄断组织,同时竞技体育的寡头垄断市场具有很高程度的进入和退出壁垒。寡头垄断市场格局基本形成后,任何组织和个人试图进入和退出都是非常困难的。新的体育企业要想进入市场中必须要具备强大的实力。

(二)体育市场行为

1. 体育企业广告行为

广告行为是大多数体育企业都采用的一种非价格竞争行为。通过广告,企业向大众介绍产品的性能、特色等,诱导大众产生购买行为。一个有效的广告行为能在很大程度上影响体育产业市场的结构。通过良好的广告行为,本体育企业能与其他企业的产品或服务区别开来,实现差异化发展,通过良好的广告行为,人们还能对体育企业品牌产生广泛的认同感,从而有利于本企业的发展。体育广告行为涵盖多方面的要素,其复杂性主要体现在以下方面。

一方面,它既需要通过广告进行广泛的宣传,又是其他企业广告宣传的载体。大型体育赛事的组织者为了吸引更多的体育消费者观赏体育比赛,会加大对体育赛事的宣传,而赛事在进行过程中,将成为体育观众和电视观众的焦点,所以许多大型企业以及电视台都不惜重金来对其进行赞助和转播,以期获得高额的经济利润。

另一方面,大型体育赛事被广大观众和消费者接受后,就形成了具有广泛影响力的品牌。体育企业通过在赛事中投放广告,可以产生更为广泛的影响力,产生更多的效益。

2. 体育企业兼并行为

企业兼并行为是指两个以上的企业在自愿基础上依据法律规定通过订立契约而结合成为一个新的企业的组织调整行为。企业的兼并行为大大提高了市场集中度,增加了市场进入壁垒,兼并后的企业能够获得更为强大的市场支配力量并导致了垄断的出现。

企业兼并主要有横向兼并、纵向兼并和混合兼并三种形式。横向兼并,进行兼并的企业多是属于同一产业、生产同一产品或处于同一加工工艺阶段。

纵向兼并比较常见,比如体育器材和设施企业对体育俱乐部的兼并,以及较大俱乐部对体育用品零售业的兼并等都属于这种类型。

混合兼并是指属于不同产业、生产工艺上没有关联关系、产品完全不同的企业之间的兼并。例如,沙特财团对英国曼城足球俱乐部的兼并就属于这种类型。

3. 体育企业协调行为

在体育产业市场发展的过程中,始终存在着竞争和合作,竞争与合作指的就是协调。体育市场的协调行为是指体育市场上的体育组织或企业为了某些共同的目标而采取相互协调的市场行为。体育市场的协调行为主要有以下两种。

(1)价格协调。

体育产品或服务的价格在体育产业市场发展中扮演着十分重要的角色。一般来说,一个良好的体育产业价格行为将直接关系着体育企业良好运转。各体育企业要加强彼此之间的联系,就某一体育产品或服务的价格展开商讨,制定出合适的价格。如世界杯赛事组委会就世界杯的转播权、赛事标志使用权等,展开价格的商讨就属于这样一种价格协调行为。除此之外,区域性垄断组织就赛事门票、服务和设施价格等的协商和串谋也属于此种类型。

(2)非价格协调。

体育市场上的非价格协调行为同样是通过共谋或串谋的形式实现的,只不过共谋或串谋的内容不是产品的价格而是产品供给的时间、地点、规则等方面的问题。例如,某项体育组织就体育赛事举行的时间、地点等进行磋商而达成一定的协议就属于非价格协调。奥运会、世界杯组委会等签署的一些体育赛事协议就是这一行为。

(三)体育市场绩效

体育市场绩效主要反映的是体育市场的结构和某种市场行为。影响体育市场绩效的因素有很多,体育企业管理者要综合各方面的因素来考察体育企业的市场绩效,然后根据得到的反馈信息调整体育产业发展规划。一般来说,影响体育产业市场绩效的因素主要有以下几个方面:

1. 体育市场资源配置的效率

体育企业要想实现快速发展,提高市场资源配置的效率是一个非常重要的手段。提高资源配置效率的主要目的在于获取最大化的经济利润。因此,我们在考察体育企业的资源配置效率

第四章 发展保障——体育产业结构、组织与政策

时,也要以经济效益的最大化作为主要依据。考察体育企业的资源配置效率主要从以下方面进行。

(1)考察体育产业的利润率。

体育产业的利润率对其自身的健康发展产生决定性影响,因此一定要采取科学的手段与措施准确计算出体育企业的利润率。通过得出的利润率,体育企业能够看到消费者个人利益与最大化的体育福利之间的差距,从而采取有针对性的手段和措施进行调整。

(2)考察产业市场进入壁垒的程度。

体育产业市场是有一定的门槛的,并不是随便能够进入的。因此考察体育产业市场的进入壁垒程度是尤为必要的,这在一定程度上决定着体育产业市场的健康程度。

(3)考察政府的干预程度。

在体育产业市场发展的过程中,政府扮演着十分重要的角色。体育产业市场的发展除了遵循市场经济的客观规律外,还需要政府部门的宏观调控,但政府只是在其中起辅助和引领作用。考察政府对体育产业市场的干预程度,能判断出政府以及市场是否失灵。

(4)考察消费者的体育需求情况。

需求与供给是体育产业市场中的两个重要要素,供给端与需求端有着极为密切的关系。考察消费的需求情况能帮助体育企业调整产品线或做出某种服务行为的改变,这对于体育企业的健康发展具有重要的意义。

2.体育产业规模结构效率

通过对体育产业组织及结构的分析,我们可以发现,以下两个方面影响着体育产业规模结构效率。

(1)经济规模的实现程度。

经济规模的实现程度通常用达到或接近经济规模的产量占总产量的比例来表示。但这是一种理想的情况,实际上在现实中

没有任何一家体育企业能达到这样的要求。那些规模相对较小的体育企业,受各种因素的影响,通常很难获得较大的经济利润。有些体育企业甚至存在着长期亏损的现象,但他们却选择继续维持下去而不退出市场。有一些规模较大的体育企业运营成本较高,则存在着一定的经济规模过度集中的问题。这些情况都不利于我国体育产业规模结构的调整与完善,对我国体育产业的健康发展会产生一定的阻碍。

(2)企业规模能力的利用程度。

通过调查研究发现,体育企业规模能力的利用程度在很大程度上影响着体育企业的运营能力。我们可以从以下两个方面来分析:一方面,那些规模较大的体育企业通常拥有良好的基础设施,但实际上却存在着体育设施利用率不足的情况,这一现象在很多大型体育企业中都普遍存在着;另一方面,那些规模较小的体育企业,由于无法实现规模经济的要求,一些体育设施也被限制,同样存在设施利用率不足的情况,这会对这些体育企业的健康运营产生不利的影响。因此,体育企业一定要高度重视,实现体育资源的合理配置。

3. 技术发展程度

体育产业的发展离不开一定的创新和创造,其中产品创新和技术创新是两个非常重要的方面。相对于产品创新,技术创新是更为重要的一方面。一家体育企业的技术发展程度如何在很大程度上决定着企业运营与发展的水平。可以说,技术进步可以作为衡量体育产业市场绩效的一个重要标准,它主要通过体育企业的市场绩效表现出来。

坚持技术创新是体育企业发展的动力,体育企业要将创新看作是自身的灵魂。体育企业的各个方面都要力求创新,实现创新式发展。发展到现在,竞技体育获得了前所未有的发展,这与技术创新是分不开的,运动员运动装备的更新、训练手段的改革、训练模式的设计等无不体现着技术的创新。总之,技术创新为广大的体育消费者提供了良好的产品或服务,正因如此,体育产业市场获得了持续健康的发展。

二、体育产业组织发展中存在的问题

与我国体育产业结构一样,当前我国的体育产业组织也存在着各种问题。主要表现在以下几个方面:

(一)主体产业竞争力不足

体育产业是生产体育产品和提供体育服务的企业或者经济活动的集合。[①] 目前,欧美等体育产业发达国家普遍拥有较强的竞争力,它们的体育产业市场规模较大,已形成一个比较完善的发展体系。其中,体育服务业最为成熟,是体育产业的核心内容。除此之外,体育竞赛业、体育用品业等也是其中重要的内容。

受各种因素的影响,我国体育产业的起步较晚,其发展还远远落后于西方发达国家。如美国的体育产业中,体育服务业为核心内容,而我国则以体育用品业为主,这是我国与其他体育产业发达国家的一个重要区别。除此之外,我国体育产业发展的比例也不协调,体育用品制造业占据着绝对地位,但这些产业部门的技术含量通常都比较低,也难以获得较大的经济利润,加上体育产业市场不规范,存在着大量的不正当竞争行为,因此我国体育产业的发展面临着巨大的压力和挑战。

目前,体育用品业是我国体育产业的核心内容,其中又以加工制造为主,这一行业的技术含量较低,属于体育产业的下游行业。尽管当前我国的体育用品业举世闻名,在世界上都产生了广泛的影响力,但是整个体育产业链中的其他产业部门的发展却处于比较落后的局面,与发达国家的差距较大。这就需要我们今后逐步加大体育相关产业及外围产业发展的力度,采取各种手段与

---

① 江和平,张海潮. 中国体育产业发展报告(2008—2010)[M]. 北京:社会科学文献出版社,2010.

措施加强体育相关产业的发展。

如今体育赛事业拥有一个良好的发展势头,各种大型的综合性体育赛事、单项职业联赛等层出不穷,吸引着体育运动爱好者的广泛参与,但与国外发达国家相比,我国体育竞赛业的发展还明显处于初级阶段,缺乏大规模和高质量的精品赛事,因此需要今后大力发展。[①]

(二)产业地区发展不平衡

经过多年来的发展,我国已经成为世界第二大经济体,国民生产总值仅次于美国。但是尽管我国国民生产总值居于世界前列,人均生产总值却很低。其中一个非常重要的原因就在于我国存在着各区域经济发展不平衡的现象,尤其是表现在城市与乡村、东部沿海和西部内陆地区之间,这种发展的不平衡也突出体现在体育产业方面。

与经济水平较低的地区相比,经济发达地区的体育产业发展水平明显要高得多,东部沿海地区明显高于中西部地区,城市地区明显高于农村地区。这需要当地政府部门要大力发展经济,提高本地区的竞争力。

(三)体育场馆投入—产出严重失衡

体育场馆对于我国体育产业的发展具有重要的意义,但目前来看我国体育场馆存在着各种问题,其中,投入—产出失衡是重要的一方面。新建或者翻修体育场馆需要消耗大量的资金,但有很多的体育场馆在体育赛事结束后没有得到充分的利用,造成了资源的浪费,这是一种非常不好的现象。

如我国每次全运会的举办,举办城市都会新建大量的体育场馆,这些体育场馆通常都会耗费举办城市大量的财力、物力和人力资源,但在运动会结束后,这些体育场馆往往遭到弃用,没有很

---

① 郭晶晶. 中国体育产业市场研究——基于 SCP 范式[D]. 武汉大学,2012.

好地对外开放,利用率非常不足,有些场馆甚至还需要不断进行维护,这更加剧了体育场馆运营者的负担。

近些年来,受体育赛事不断增多的影响,我国的体育场馆资源日益丰富,但实际上这些体育场馆都没有得到充分的利用。据调查统计,在我国各类体育场馆中,大约有67%的场馆归教育部门管辖,25%的场馆被体育部门占据,民众可用场馆寥寥无几。[①]因此,提高我国体育场馆的利用率是今后我国体育产业努力发展的一个方向。

三、体育产业组织建设的对策

(一)完善体育产业人才结构

体育产业系统比较复杂,包含多方面的要素。在各种要素中,人力资源要素起着十分关键的作用。建立和完善体育产业人才结构将是我国体育产业发展的重中之重。

伴随着时代的进步与发展,体育产业在国民经济的地位越来越重要。为促进体育产业的进一步发展,必须要做好体育产业人才的挖掘与培养工作。体育产业人才的规模与质量将在很大程度上影响着体育产业发展水平,因此体育产业部门一定要重视体育产业人才的发展。

目前存在的一个现实情况是,我国体育产业存在着重体育技术人才、忽视体育经营管理人才的现象。这种不合理的发展结构非常不利于体育产业市场的健康发展。

为推动我国体育产业的进一步发展,必须要依据体育产业市场发展的基本规律,建立一个科学和完善的体育产业人力资源管理结构(图4-1),以提高我国体育企业竞争力和影响力,进而促进我国整个体育产业的发展。

---

① 陈鹏. 中国体育:亚运会后何去何从[J]. 瞭望(新闻周刊),2010(48).

图 4-1

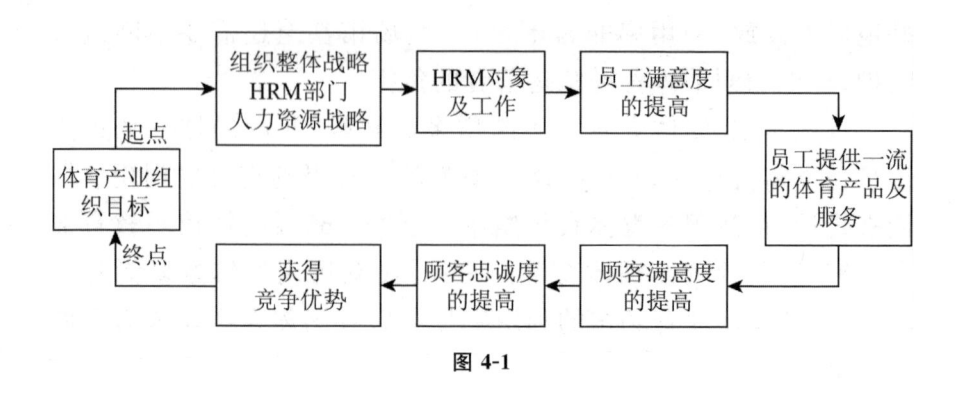

(二)重视体育产业技术创新

技术创新是体育产业组织建设与发展的一条重要道路。因此,体育产业管理者一定要高度重视体育产业的技术创新。一般来说,技术创新产品主要包括实物产品创新和服务产品创新两个方面。这两个方面都非常重要。目前,我国体育产业市场中主要存在着垄断企业和非垄断企业两个部分。处于体育产业市场中的体育企业一旦创新成功就能够迅速获得垄断优势,而且在其获得较大的垄断利润后便会逐渐巩固其垄断地位。而那些处于非垄断地位的体育企业则会模仿这些垄断企业进行新产品的开发,这会导致创新体育企业的垄断地位不断下降。为扭转这一局面,创新企业又开始了新一轮的创新,或对产品进行再创新,或优化生产技术进行技术创新,由此形成一个产业竞争的循环。

需要注意的是,不论是产品创新还是技术创新,体育企业的主要目的都是实现利益的最大化。创新可以说是体育企业发展的灵魂,它对于体育企业的长远发展具有深远的影响和意义。

相对于产品创新,技术创新更为重要。体育企业在进行技术创新的过程中要重视以下几个方面的工作:

(1)采取创新的手段与方法节约劳动力,如网络购买球赛的门票就属于这样一种创新。

(2)采取创新的手段与方法节约资本,如多功能体育馆就属于这样一种创新。

(3)提高效率或质量的技术创新。

（三）重视体育产业相关产业互动

除了体育核心产业外，相关产业及外围产业的发展也非常重要，因此，一定要加强体育核心产业与其他产业间的互动，相互促进，共同发展。具体而言，主要是通过累积体育产业发展的经验，充分利用各种体育产业资源，互通有无，实现资源的充分利用，获得共同发展。

例如，我们可以将体育赛事与旅游业发展结合起来，建立赛事—旅游模式。而且这一模式已经被实践证明是非常科学的体育产业发展模式。如澳大利亚墨尔本旅游局就充分结合当地的体育资源；利用现代多元化的推广手段宣传与推广旅游赛事，吸引广大的体育旅游爱好者前来参与，从而实现预期的经济效益。[①]

另外，体育外围产业及相关产业的发展也能反过来推动体育核心产业的发展。如文化传媒业的发展能在一定程度上宣传与推广体育核心产业内容，推动其进一步发展。

第三节　体育产业政策建设

体育产业系统涵盖的要素众多，每一个要素之间都发生着密切的联系，共同推动着体育产业系统的运转。体育产业政策作为体育产业发展的重要保障，随着社会的不断发展而逐步完善。一个健全而完善的体育产业政策体系对于体育产业的健康发展具有重要的意义。

---

① 马海涛，谢文海．国际大都市体育产业组织路径的经验与启示[J]．世界地理研究，2012,2(21)．

一、体育产业政策的概念与内容

(一)体育产业政策的概念

体育产业政策建设如何将对体育产业的发展产生至关重要的影响。加强体育产业政策体系建设的主要目的在于促进体育产业的健康发展。政府部门一定要采取现代化的手段,运用各种合理的工具和手段对体育产业进行引导和干预,指导其健康发展。

(二)体育产业政策的内容

1. 体育产业结构政策

通常情况下,体育产业结构政策主要包括以下三个方面的内容。

(1)体育主导行业选择政策。

体育主导行业政策的制定并不是盲目的,需要结合体育产业发展的实际和各种影响因素进行。我国的体育主导产业主要是体育用品业、竞赛表演业和健身娱乐业等,加强这几个产业部门的发展至关重要。

体育用品业在我国体育产业体系中占据着十分重要的地位。我国的产品制造业在世界上拥有着广泛的影响力,其在国民经济中的地位非常之高,其发展受到党和国家领导人的高度重视。

竞赛表演业也是体育产业的重要组成部分。随着竞技体育运动的高度发展,各种类型的体育赛事大量涌现出来,这就为体育竞赛表演业的发展奠定了必要的基础。当今社会各种各样的体育竞赛活动每年都在大量的举办,其发展能带动周边行业的快速发展。体育竞赛表演业与其他体育产业部门有着极为密切的联系,如竞赛表演业的发展需要体育用品业提供各种体育服

第四章　发展保障——体育产业结构、组织与政策

装和设备,而体育培训业也能为竞赛表演业提供各种服务等。竞赛表演业可谓一个集大成者,其发展带动着体育产业的健康发展。

体育健身娱乐业也是体育产业体系的重要内容,随着我国全民健身运动的广泛开展,体育健身娱乐业也随之迅速兴盛。加强体育健身娱乐业的发展对于提高人民群众的体育消费水平,满足人民群众的多元化体育需求具有重要的作用。另外,体育健身娱乐业的发展还能在一定程度上带动体育用品制造业等相关产业的发展。因此,我国体育产业相关部门一定要重视体育健身娱乐业的发展,采取有针对性的措施和手段加强体育健身娱乐业的发展。

(2)体育战略行业扶植政策。

体育战略行业是指在不远的将来有希望成为体育主导行业或支柱行业的新兴行业。作为政府部门的管理者,要制定有利于体育战略行业发展的政策,从而确保其获得健康快速的发展。一般情况下,只有满足以下条件才能被称为体育战略行业。

第一,能根据具体实际情况获得与当今产业市场相符合的运行方式。

第二,拥有巨大的市场发展潜力,未来发展前景被看好。

第三,体育战略行业与其他行业之间的关系非常密切,其发展对于整个体育产业的发展具有重要的意义。

体育培训业是由体育竞赛表演业和体育健身娱乐业催生而出的产业。近些年来,体育培训业获得了比较快速的发展。但是整体来看,当前我国还没有形成一个健全和完善的体育产业市场体系,居民参与体育健身的意识还有待于进一步提高。因此,我国政府相关部门要给予体育战略行业必要的政策扶植。

(3)体育幼稚行业部门保护政策。

体育幼稚行业部门是指那些竞争力不强,但拥有良好的发展空间的体育产业部门,这一行业部门通常来说发展时间较短,还处于一个低级发展阶段,存在着各种各样的问题,需要我国政府

部门采取各种手段与措施加以扶持。

体育中介行业在近些年来也发展较快,这主要是受竞赛表演业和其他体育产业部门发展的推动。随着我国体育健身娱乐市场、竞赛表演市场、体育人才市场等的发展,越来越多的企业开始委托中介机构承担经营代理业务。随着时代的不断发展,可以想见我国的体育产业市场必将更加完善。另外,在我国体育产业部门发展的同时,国外体育组织也会不断涌现到中国,成为我国体育产业市场发展的重要竞争对手。由于国外的体育市场发展时间较早,目前已形成了一个完善的体系,对我国体育市场形成了一定的垄断之势。与国外中介组织相比,我国体育中介组织的发展水平较低,还处于一个比较落后的局面,因此需要大力发展。

2. 体育产业组织政策

(1)优化资源配置。

要想促进我国体育产业市场的健康发展,制定相关的体育产业组织政策是尤为必要的。一个合理的产业组织政策能起到优化体育产业资源配置的作用,提高体育产业资源的利用率,促进产业部门之间各种资源的合理流动,从而实现健康发展。

(2)实现规模经济。

一个合理的、健全的体育产业组织政策对体育企业的发展能起到重要的扶持作用,因此,在未来的发展中,我们要鼓励体育企业间的横向与纵向的联合,鼓励各区域体育企业加强沟通与交流,形成规模经济,实现共同发展。

(3)促进技术进步。

技术创新在体育企业发展中起着非常重要的作用,一般来说,体育产业组织结构的技术创新要建立在一定的产业组织政策基础之上,体育产业组织政策的目标要以技术进步为目标。

3. 体育产业布局政策

(1)微观布局。确定基础设施和资源配置情况;确定土地资源利用方向;落实大型体育企业的选址工作。

(2)中观布局。制定区域发展战略;制定产业发展规划;做好产业规划与布局。

(3)宏观布局。制定产业长远发展规划;确定产业发展方向和布局。

政府部门及管理人员在规划体育产业布局时要注意以下三个方面的要求:

(1)着重发展具有一定实力和发展潜力的地区的体育产业,为其制定长远的发展规划,结合当地的实际和特色设计科学的产业发展模式;

(2)充分利用政府部门和社会力量加强对发达地区体育产业的投资,加强这些地区的体育公共基础设施建设;

(3)实行具有差别性的地区体育产业政策,引导社会资金的合理流动,建立健康的体育产业市场运行体系。

4. 体育产业技术政策

在体育产业发展的过程中,产品创新与技术创新是非常重要的两个方面。其中,产业技术创新最为重要。在产业技术创新方面,发达国家做的工作非常好,这一点值得我们参考和借鉴。一般来说,良好的产业技术能为产业运行提供重要的动力支持。制定一个合理的体育产业技术政策对于体育产业市场的顺利发展具有重要的意义。

5. 体育产业全球化政策

(1)体育产业全球化政策的含义。

随着竞技体育的高度发展,体育产业化发展已成为大势所趋。各个国家为了促使本国的体育产业获得快速健康的发展,纷纷采取了全球化发展的策略。这一策略可以说是符合当今全球一体化的发展背景的。目前,世界各个国家的经济实力差距较大,发达国家普遍拥有强大的经济实力,他们的科技水平也较高,因此这些国家能够利用这些优势不断调整自身的发展状况,从而推动本国体育企业的国际化发展。而对于发展中国家或欠发达国家,要想实现体育产业的健康发展,也需要加强与其他国家的交流与合作,走体育产业的全球化发展战略。因此说,体育产业全球化政策是一个符合现代社会发展的产业政策,对于实现体育产业的全球化发展具有重要的作用。

(2)我国体育产业全球化政策。

自从我国加入世界贸易组织(WTO)之后,国际贸易壁垒被打破,我国各项产业都面临着极大的机遇和挑战。体育产业作为一个新兴产业也不例外。在当今社会背景下,体育产业要想获得突破,首先就要与时俱进,审时度势,缜密规划,抓住机遇,开发深受人们喜爱的体育产品或服务。我国体育产业的发展要与全球其他国家加强沟通与交流,互通有无,取长补短,这样才能逐步缩小我国体育产品与国外发达国家之间的差距,逐步提升自身产品的竞争力和国际影响力。

二、体育产业政策的作用

(一)促进体育产业结构合理化与高度化

大量的事实表明,体育产业政策体系的建设如何将对体育产业的发展状况产生非常重要的影响。在健全和完善的政策体系下,无论是体育产业组织还是体育产业结构,都能发生良性的变化。在社会经济水平日益提升的背景下,人们的体育需求越来越多样化和个性化,为满足人们的各种体育需求,必须加强体育产业结构的优化与升级,体育生产企业要根据人们的需求生产出相应的产品。在社会主义市场经济体制下,不仅要重视市场经济的作用。政府还要从中发挥应用的作用。政府部门可以根据体育产业市场的发展实际制定合理的体育产业政策,并充分协调好各体育产业部门之家的关系,促使其获得持续健康的发展。

第四章 发展保障——体育产业结构、组织与政策

(二)弥补市场失灵的缺陷,有效配置体育产业资源

在体育产业市场发展的过程中,市场调节的作用并不是万能的,有时会出现市场失灵的问题,因此世界上各个国家都纷纷制定相关产业政策来促进体育产业市场的健康发展。在未来的体育产业市场发展的过程中,要将市场机制与政策调控充分结合起来进行,从而保证体育产业市场的健康持续发展。

(三)实现体育产业超常规发展,缩短赶超时间

与国外发达国家相比,我国的体育产业还处于一个落后的局面。若想要在短时间内形成一定的竞争力,只依靠市场的自由调节,需要耗费长期的资金积累过程,很难在短时间内满足体育产业快速发展的要求。而制定并实施相关的体育产业政策,能在市场机制基础上,通过一些优惠政策的扶持实现迎头赶上的效果。

(四)增强本国体育产业的国际竞争力

当今社会是一个全球化发展的社会,世界各个国家和地区之间的联系越来越紧密,各行各样的发展都已形成一个庞大的产业链,因此,体育产业的全球化也成为一个重要的发展趋势。在这样的背景下,通过制定体育产业的全球化政策,能有效促进本国体育产业获得竞争优势,提高本土体育企业的国际影响力,从而获得国际化发展。

三、体育产业政策创新的路径与对策

(一)体育产业政策创新的路径

1. 整体路径

体育产业要想获得持续健康的发展,就必须进行一定的创新,政策创新就是非常重要的一种创新手段。随着我国体育产业

的不断发展,产业政策环境也一直发生着不断的变化,因此体育产业政策的创新要选择渐进性的方式。其原因主要有以下三个方面:

第一,在政策的创新中,渐进性这一方式能很好地协调好体育产业中各参与主体的利益冲突,从而实现共同发展。

第二,凡事都要讲究循序渐进,渐进性是体育产业发展所需各种政策创新有效进行的时间保障。

第三,我国体育产业还处于一个起步阶段,亟须政策创新来推动其发展。为了保障体育产业政策的创新,渐进式这一方式非常符合我国体育产业发展的客观条件与现实特征。

2. 细分路径

(1)初期路径。

初期路径可以说直接关系到体育产业政策的创新走向,因此应引起高度重视。初期路径涵盖的因素有很多,如现有体育产业政策的约束;体育产业所需政策创新的需求等。事实上,初期路径的设计直接关系到体育产业政策创新的进程,需要结合参与主体的认定、政策创新方式的确立以及与客观环境的有机融合,只有如此才能实现创新的效果。

在体育产业的初期路径中,强制性创新是核心,这一阶段主要涉及所需政策的构建、所需政策供给主体和供给方式的确定。在初期的创新阶段,中央政府是一个非常重要的突破口,由中央政府出面会获得理想的效果。

(2)后期路径。

后期路径属于一种体育产业发展的完善性路径。为促进体育产业的发展必须要建立一个完善的政策体系,但是在最初的发展中,这一政策体系还很不健全,没有完全发挥对体育产业的支撑性作用。其原因在于:第一,体育产业发展是动态的过程,在不同时期,所对应的政策体系不同;第二,政策体系的发展是渐进性的,对利益主体的利益再分配还需要完善。因此,我们要逐步地

第四章　发展保障——体育产业结构、组织与政策

完善与发展体育产业的后期路径。

综上所述，初期路径与后期路径是体育产业政策创新非常重要的两个方面，为推动体育产业的发展必须要加强这方面的创新。其中，中央政府扮演着十分重要的角色，它决定了体育产业政策创新的时间与效果。

3. 推动路径

政策创新可以说是一个非常复杂的过程，涉及多方参与主体，是不同级别政府、不同相关部门及不同微观主体共同作用的结果。因此，为推动体育产业政策的创新，转变产业发展观念至关重要。

在当今社会背景下，体育产业已逐步走入人们的视野，成为国民经济发展的重要推动力量。但从实施效果看，体育产业发展并没有达到预期目标，这其中观念的转变不容小觑，意识的最大作用是可以节约政策创新过程中所产生的成本，可以加大政策创新的效率。当体育产业发展需要政策创新时，就必须转变旧有的观念，产业政策的创新首先要从观念上进行创新。

（1）推动各参与主体观念转变。

发展到现在，体育产业在整个社会发展中发挥着越来越重要的作用。目前，体育产业已发展成为国民经济新的增长点，是推动经济转型升级的重要力量。政府相关部门要积极转变旧有的思想观念，按照体育产业发展的客观规律去引导，加强体育产业政策的创新。另外，政府观念的转变将直接影响到各级政府部门对体育产业发展的判断，特别是体育相关行政部门对体育产业发展的具体管理，因此一定要引起高度重视。

在体育产业创新的过程中，体育企业可以说是体育产业政策创新的最直接受益者。在未来的发展中，体育企业要转变思想，充分发挥在政策创新中的能动性。体育产业发展是多方主体共同努力的结果，如果仅依靠政府及相关体育部门，整体创新进程就会减缓，创新效率就会降低。体育企业是政策创新中最有发言

权的参与者,他们的需求直接影响到体育产业的政策创新,因此体育产业经营主体一定要寻求思想上的转变。

除了体育产业主体外,体育消费者的观念转变也非常重要,这是推动政策创新的根本力量,同时也是体育产业发展客观规律的一种体现。它要求体育消费者对体育产业有明确的认识,能够形成科学的体育消费观念,对各种体育产品能够有效利用。体育产业政策创新要求体育消费者转变原来对体育商品的价值观念,重新审视体育消费,积极参与体育消费,从观念上引领体育产业获得快速健康的发展。

(2)推动政策创新的进程。

体育产业政策的创新不是一件容易的事情,在发展的过程中,需要人们及时地转变旧有的思想观念,从而实现政策创新的目标。对于体育产业参与主体而言,要想从根本上实现体育产业政策的创新,必须要在平时不断积累产业政策的基本知识,及时转变旧有的思想观念,充分发挥自身的主观能动性,明确自身在产业政策创新中的作用。只有如此才能实现体育产业政策创新的目标。

(二)体育产业政策创新的对策

1. 政府制定优惠政策,扶持体育产业发展

为促进我国体育产业的发展,政府部门必须要在其中发挥重要的作用,政府在其中发挥作用主要是通过财政、税收等经济政策。在这些政策保障下,体育产业才能获得健康持续的发展。对于我国政府部门而言,要充分做好体育产业发展状况的调查,为各体育企业提供良好的政策和制度保障,努力营造一个良好的内部与外部发展环境,这样才能极大地推动我国体育产业的进一步发展。

(1)财政政策。

一般来说,体育产业具有非常强的公益性,政府在其发展过

程中扮演着十分重要的角色。调查发现,我国政府对于公共体育事业的投入占国民支出的比例还很低,要远远低于发达国家对公共体育事业的支出比例。这突出表现在体育基础设施建设、体育设备的购置与维护和国民体质监测等方面。为促进我国体育产业的更进一步发展,我国政府部门及地方政府要加大对体育事业的投入力度,为我国体育产业的发展创造良好的物质基础。

(2)税收政策。

在各项事业中,税收政策都是无处不在的,通过税收政策的利用,能对各项事业起到一定的扶持和引导作用。目前,我国体育产业各部门的税种也是比较多的,如营业税、城建税、教育附加税、公安税等。这些税种的存在使得体育产业经营者无利可图,打击了其发展体育事业的积极性。因此为推动我国体育产业的进一步发展,提高体育产业经营者的积极性,就需要制定一些有利于体育产业发展的税收政策。对一些重要的新兴的体育产业各部门要鼓励其发展,可以对其施行一定的税收减免政策,也可以调整税率,对高消费的体育项目实行特种附加税等。这些税收政策的实施具有极强的针对性,对于我国体育产业部门的发展是比较有利的。对于那些体育事业单位富余人员再就业而新办的体育企业,应当享受"三免两减半"的所得税优惠政策。一个合理的税收政策对于我国体育企业的健康运行与发展是非常重要的。

(3)价格政策。

随着全民健身运动的日益开展,各种公共体育设施的需求量大大增加,在这样的情况下,除了加强体育基础设施的建设外,还应对各类公共体育场馆服务和其他体育健身娱乐服务限制价格,保证绝大多数群众能够消费得起,并保证体育场馆对社会开放的时间。

(4)土地使用政策。

为推动我国体育事业的快速发展,我国陆续不断地划拨了大量的体育用地用于体育场地建设。但就目前来看,在公共体育场馆数量方面还是有所欠缺。这就要求我们促进体育事业的大发展,使广大群众体育健身方面的消费需求得到满足,对于公共体育场馆和附属设施的兴建应继续采取无偿或者低偿的方式来对其划拨相应的土地使用权。营利性体育项目除外,应通过市场来确定其所使用的土地价格。宏观调控与市场调节相结合是一个有效的手段。

(5)国有资产使用政策。

在各项体育产业发展中,公共体育场馆的建设非常重要,因为它是各项体育事业发展的载体,我国各级体育部门要非常重视公共体育场馆的建设,加大体育场馆的资金投入力度。各地区可以根据具体的实际情况新建或者翻修一些体育场馆,为人们参加体育运动锻炼提供良好的基础设施。对于一些营利性体育企业而言,政府部门要加强其管理力度,严格审查国有资产的使用情况,对其进行规范化管理,促进这些企业的健康发展。

2. 规范体育市场管理政策

在体育产业发展的过程中,政策起着非常重要的保障作用,建立一个完善的政策体系对于体育产业市场的规范化发展具有非常重要的意义。体育产业市场政策法规的制定要以《体育法》为基本依据,其主要目的在于规范体育产业市场经营行为,保证体育产业市场的有序化和规范化发展。

发展到现在,我国体育产业市场规模越来越大,一些不安定的因素也大量涌现出来,因此没有一个良好的产业政策保障体系是不行的。我国政府部门及各地区的产业部门要根据实际情况制定相关的制度或文件,建立一个合理的体育市场运作体系,从而保证体育产业市场的顺利发展。

为进一步规范体育产业市场,首先要改变传统的体育市场管理办法,以市场经济为依据,制定出公开、公平、公正的体育市场运行规则,保障各种类型的市场主体的有序竞争,以实现社会体育资源的自由流动,并合理地配置资源,从而满足体育消费者的需求。

第四章 发展保障——体育产业结构、组织与政策

(1)规范市场管理。

加强与规范体育产业市场管理,建立一个科学的市场运作机制,规范体育产业经营者的市场行为等,对于我国体育产业的发展具有深远的影响和意义。我国政府部门及体育部门要加强合作,成立一个有利于体育产业市场发展的管理机构,在这一管理机构的带动下获得健康发展。

体育用品业是当前我国体育产业市场的重要组成部分,在体育产业市场中占据着重要的地位。因此针对体育用品业,我国政府部门要推行相应的体育经营许可证制度,制定一些有利于其发展的政策优惠制度,重点扶持一部分先进企业优先发展,然后带动其他体育产业部门的发展。

(2)加强法规建设。

与其他活动或产业市场的发展不同,体育产业市场的经营活动会涉及一定的人身安全问题,如果解决不好就会影响产业市场的秩序,甚至影响和谐社会的建设,因此一定要加强体育产业市场的法律法规制度建设。如政府部门要制定严格的体育用品、体育器械的安全质量标准,制定大型体育竞赛表演活动的专门性法律制度,为各项体育产业活动的开展提供良好的法律制度保障。

(3)提高人员素质。

人才在各项事业的发展中都起着极为关键的作用,因此,体育产业要想获得健康快速的发展,就必须努力提升专业人员的综合素质,建立一个完善的体育产业人才培养与发展体系。提升体育产业专业人员的综合素质可以从以下方面进行:

第一,严格审核体育产业从业者的条件和资格;

第二,严格审查体育产业经营者的体育场地、设施和器材等是否合乎国家制定的标准;

第三,严格审查体育产业从业人员是否具备本行业的从业资格,有没有不良违法行为或扰乱市场发展的行为等;

第四,对体育产业从业人员进行必要的法律宣传与教育;

第五,定期或不定期地组织体育产业经营人员,对其展开相

关知识与技能的培训。

3. 引导居民体育消费的政策

随着我国经济水平的不断提升，人们的物质生活得到了极大的丰富。在这样的背景下，人们开始从物质需求向精神需求转移。体育消费作为非必需性生活消费，正迎合了大众精神追求初级层次的消费需求，这就为体育产业的发展提供了良好的契机。

随着人们生活水平的日益改善和提高，人们投入了大量的财力与精力在体育消费方面，这促使体育产业市场规模不断扩大。但需要注意的是，我国居民的体育消费与国外相比还存在不小的差距，体育产业市场无论是规模还是规范化建设上都处于落后的局面。随着我国社会经济水平的进一步提升，人们对体育的需求必将进一步增长，居民在体育服务中的消费水平也会随之增加，这是必然的结果。为促进我国体育产业市场的完善与规范化发展，国家要制定相关的政策或文件引导居民进行合理的和正确的体育消费，保证体育产业市场的顺利运转。

（1）积极开展社区体育工作。

当前，全民健身理念深入人心，全民健身运动也在如火如荼地开展着。因此，为了更好地为广大的健身者提供良好的服务，需要不断加强体育基础设施建设。过去，受传统历史因素的影响，我国大多数的体育健身设施都建立在远离居民居住区的地方，其中有很多主要是运动员或专业人员使用，在居民小区内很少看到体育设施，这对于人们参加体育健身是非常不利的。因此，为激发人们参与体育健身的热情，帮助其养成良好的健身习惯，需要加强社区的体育基础设施建设，为社区居民健身提供良好的基础设施。目前，我国一些大中型城市相继建立了居民体育健身中心、体育指导中心等，同时还培养了大量的社区体育指导员，这些中心的建设以及体育人才的培养都为社区居民的健身提供了良好的指导。在这样的形势下，我国全民健身的氛围更加浓厚，这为我国体育产业市场的完善与发展创造了良好的群众基础。

第四章　发展保障——体育产业结构、组织与政策

(2)加强社会体育指导员队伍建设。

随着现代社会的不断发展,社会体育指导员队伍的规模也越来越大,这为我国体育健身业的发展奠定了良好的人力资源基础。为进一步推进我国社区体育指导员队伍的建设,必须建立一个科学和合理的社会体育指导员技术等级制度,不断提升社会体育指导员的综合质量,定期不定期地对其进行相关的知识与技能培训,通过社会体育指导员的各项工作能引导人们建立一个正确的体育消费观,从而促进我国体育产业的健康发展。

(3)构建多种类型的体育协会。

体育协会及组织在体育产业发展的过程中扮演着十分重要的角色,因此加强体育协会的建设与管理,构建一个多种类型的体育协会具有重要的意义。大量的事实表明,一个良好的体育协会能为体育产业经营者开展工作提供各种便利。同时体育协会也能起到一定的宣传作用,能引导居民合理的体育消费行为。

另外,在体育产业市场发展的过程中,公益性体育服务的价格要合理,要让大众都能消费得起,这样才能营造一个和谐的体育健身氛围,为体育产业的发展创造良好的条件。

第五章 发展核心——体育产业核心层的经营与管理

任何事物的发展都有主次之分,有核心也有辅助层面。在体育产业系统中,也有核心层、外围层以及相关层等几个部分。其中,核心层是体育产业发展的主干,对于体育产业的发展起着关键作用。体育产业核心层主要包括体育场馆、体育赛事、职业体育俱乐部建设等几个方面,本章就对其进行深入细致的研究与分析。

第一节 体育场馆的经营与管理

任何体育活动的举办都需要一定的物质基础,如体育场馆、体育设备等都是必不可少的。体育场馆的运营在体育产业中属于重要的核心层面,加强体育场馆的建设与管理对于体育产业的健康发展具有重要的影响和意义。

一、体育场馆经营管理的内容

(一)体育场馆经营的内容

体育场馆经营与管理在管理学上属于运营的大概念,是管理活动的一个重要组成部分。要想实现运营管理的目标,就需要在一定的体育场馆运营思想指导下,做到以下几个方面的要求:

第五章　发展核心——体育产业核心层的经营与管理

(1)体育场馆经营者获得资产使用权；

(2)体育产业部门制定发展策略；

(3)体育场馆经营者设计体育产品或提供各种服务。

以上这几个方面也是体育场馆经营的主要内容,体育场馆的管理者一定要重视以上几个方面的建设。

(二)体育场馆管理的内容

(1)人力资源。主要内容包括组织机构、人事管理等相关部门,以及日常工作管理(表5-1)。

表5-1　体育场馆人员工作的日常管理制度

内容	说明
组织规则	企业各直线部门、职能部门、各层级之间的权责结构。指挥、服从、监督、保密协定等规定
时间规则	作息时间、考勤办法、请假程序及办法等规定
岗位规则	劳动任务、岗位职责、操作规程、职业道德等规定
行为规则	语言、着装、行为举止、礼仪礼貌等规定
协作规则	工种、工序、岗位之间的关系,上下层次之间的连接、配合等规定
其他规则	根据企业自身情况依法制定

(2)财务管理。财务管理是体育场馆管理的重要内容,涉及营业收入与开支、各种材料管理费用等方面。

(3)物力管理。各种体育场馆设施与设备都属于物力管理的重要内容,体育场馆设备的维护、修理都需要大量的开支,因此加强这方面的管理是非常重要的。

(4)物业管理。各种体育场馆配套设施及游泳馆、篮球馆等都需要有专门的人员进行维护与管理,管理中需要大量的维护费用,这就是体育场馆的物业管理。

(5)安全管理。治安、消防、卫生等都属于体育场馆安全管理的重要内容。

以上几个方面都是体育场馆管理的重要内容,体育产业管理者一定要重视起来,不能荒废了任何一方面的管理。

二、体育场馆资源管理

(一)人力资源管理

1. 体育场馆的人员招聘管理

(1)制定人才招聘计划。

制定人才招聘计划是体育场馆人员管理的重要方面,主要应做好以下几个方面的工作:第一,制定员工调查表,全面收集员工信息;第二,根据不同岗位分析员工数据,为制定合理的人力资源配置方案奠定良好的基础;第三,汇总和分析员工信息,拟定人员需求清单。

(2)发布招聘信息。

制定人才招聘计划后还要及时发布招聘信息,一般来说,常用的发布渠道主要有校园招聘、现场招聘会、员工介绍、猎头公司、广告等几个方面。这些渠道各有优点和缺点,招聘单位要结合起来使用。

校园招聘:大学生刚毕业走上社会,缺乏相关的工作经验,工作的稳定性较差,因此需要体育企业在招聘时系统地策划培训方案,对员工进行必要的培训,以提高其业务能力。

现场招聘会:体育企业在进行招聘时要做好充分的准备,准备好充足的材料,选择具有吸引力的展位,招聘人员事先将招聘问题牢记于心。

员工介绍:员工介绍这种方式能在很大程度上节约招聘成本,而且目标较为明确,能促进企业与员工之间的交流。

猎头公司:通过猎头公司能在很大程度上节省企业的时间和人力,但是这种方式费用较高,不利于大范围推广。

广告:广告的影响力非常大,但是费用也较高,要消耗企业大量的物力、人力和财力,适合综合实力较强的体育企业。

第五章　发展核心——体育产业核心层的经营与管理

（3）面试。

面试主要由笔试阶段、人力资源经理初试阶段、面试部门负责人复试阶段构成。笔试阶段主要考量应聘者的文化素质，成绩合格者可以进入初试阶段。初试阶段主要考察受聘人员的心理素质和社交能力、人格属性、心理状态等，通过以上几个方面的筛选能为体育企业选择合适的人才。复试阶段主要安排企业部门领导或者企业总负责人进行面试。面试的形式主要是交谈，负责人据此判断应聘者是否适应本岗位。需要注意的是，体育企业经营中有很多属于技术操作型岗位，因此实地操作也是考察应聘者的主要手段。

（4）甄选与录用。

体育场馆中的很多岗位都属于服务型岗位，这一岗位对应聘者的综合素质要求较高，因此要对员工的健康状况、心理素质、身份背景等进行全面的测评。

背景调查的主要方法是电话或者直接去访问应聘者原单位的领导、人力资源部人员、同事，或是访问应聘者毕业学校的教师。这一阶段主要是看应聘者的应答是否符合实际。另外，还要根据岗位的特征、应聘者的身体状况等决定是否淘汰，以避免出现不必要的问题。

2. 体育场馆的员工培训管理

体育企业员工的培训可分为岗前培训和在岗培训两种形式。通过培训能为员工提高自身业务奠定良好的基础。在进行培训之前，要制订一个周密的培训计划，要明确好培训时间、培训地点、培训者、培训对象、培训方式等几个方面的内容。

（1）岗前培训。

岗前培训是使新进员工熟悉和适应工作环境的过程，使其进入工作岗位之前掌握必要的工作技能。新进员工的最初印象、经历、感受等都对他们今后的职业生涯产生至关重要的影响。新进员工的培训内容主要包括以下几个部分：

公司概况介绍：主要包括场馆数量、设施设备的使用等实体内容，同时也包括公司背景、经营理念、企业文化、服务种类等无形资产内容。

岗位说明及必备知识：向新员工说明本岗位的基本工作范围和内容，以及员工必须具备的基本业务知识。

规章制度与法律法规：介绍公司的行政制度、考勤制度、薪金构成、福利制度、保密制度等。

岗前培训的主要任务是使新进员工了解组织的价值观、政策及未来发展趋向等；消除员工的交流障碍，使员工了解基本的工作状况；通过示范教育和实习操作，让新员工学会和熟练掌握工作技能，提高自主学习能力。

岗前培训是一个有步骤、循序渐进的过程，不能急于求成，在培训的过程中，培训者要与员工加强沟通与交流，在培训结束后还要对其进行必要的跟踪调查，总结经验教训，以便日后完善培训工作。

(2)在岗培训。

根据体育企业本行业职业技能的要求有计划地制订培训项目，对员工进行综合培训使其适应体育场馆发展需要的工作就是在岗培训。

在岗培训不是一个简单的过程，首先要对体育企业的培训需求进行综合评估，看企业需要什么样的人才，然后分析培训内容，确定培训目标和培训计划。总的来说，不同岗位的职工，其培训内容也存在一定的差别(表5-2)。

表5-2 在岗培训对象、培训内容[1]

对象	培训内容
高层领导	引进和学习国外先进的经营管理理念，组织行业内专家展开培训、研讨，参加专题讲座、行业内论坛
中层管理干部	行业内培训、研讨为主，到各地参观、交流沟通为辅

---

[1] 谈群林.体育场馆经营管理实务[M].广州：华南理工大学出版社，2011.

第五章　发展核心——体育产业核心层的经营与管理

续表

对象	培训内容
全体营销人员	以掌握最新的营销理论、销售技巧为主；以内部经验分享、营销大师的面授为主
专业技术人员	专业技术人员主要包括场地工、电工、器材维护工、财务人员等。要不断提高这一部分人员的综合素质,加强其专业技能的培训
其他员工	其他员工主要包括前台服务人员、安全保障人员、行政人员等,要培养他们的服务理念、安保理念、管理方法等,以保证体育企业的顺利运营

与一般的培训工作不同,体育场馆人员的培训工作更加注重实践操作性。因此培训人员要加强实践方面的培训,引导学员积极将所学知识和技能付诸实践,帮助其解决工作中的实际问题,同时还要提高其自主工作和创新能力。

(二)财力资源管理

1. 体育场馆营业收入的核算

营业收入的核算是体育场馆财务管理的重要内容,下面主要讲解单体项目的营业收入核算方法。

单体项目是指独立经营的单个项目,这一项目的核算方法要求班组做好每日营业收入、单体项目收入的记录。在班组每日营业报表和清点核对的基础上,单体项目每日营业收入的原始记录、营业日报表交财务部收益核算会计。财务部会计人员逐项审核,然后分类核算单体项目的主营收入和副营收入。工作人员在进行核算的过程中要细致,确定每一个项目的收入来源,不能模糊和有偏差。

2. 体育场馆营业利润的核算

体育场馆在一定期间的各体育经营项目的收入与各项费用

支出相抵后形成的经营成果即利润。

营业利润＝主营业务收入－营业费用－管理费用－财务费用－营业税金及附加

利润总额＝营业利润＋投资净收益＋营业外收支净额

利润净额＝利润总额－所得税

营业利润率＝(营业利润÷营业总收入)×100％

(三)物力资源管理

1. 设备设施的安全管理

在体育场馆管理中,设施设备的安全管理非常重要,管理人员一定要高度重视。一般来说,体育场馆设施设备的安全管理主要包括以下内容:

(1)体育场馆内的设备、设施等应有完备的安全装置和明显的安全警示标志。

(2)体育场馆内的设施和设备的安装、使用和维护等必须符合国家标准或有关行业标准的要求,只有获得安全许可证后才能投入使用。

(3)加强体育场馆设备、设施的维护与检测管理,及时淘汰质量较差或存在极大安全隐患的设施与设备。

2. 设备备件管理

事前按一定数量储备的零、部件,称为备件。备件管理是物力资源管理的重要方面。在设备维修工作中,为尽可能地保证设备设施的使用寿命,要事先加工、采购和储备好这些设备。可以说,合理地储备备件是设备维修的重要基础,是保证体育企业正常经营的重要措施和手段。下面主要介绍一下设备备件管理的主要内容:

(1)备件管理的主要任务。

第一,做好备件的保管供应工作,建立必要的保管设施,合理确定备件的储备品种、储备形式和储备定额。

第二，向维修人员提供合格的备件，做好备件的供应工作。

第三，做好备件使用情况的信息收集和反馈工作。信息收集要广泛，反馈要及时有效，并根据反馈的结果及时修订备件外购计划。

第四，尽量减少备件的资金占用量。备件的计划、生产、采购、供应、保管等工作要细致，尽量降低备件管理成本，维持公司的顺利运营。

体育场馆中的设备众多，必须要有专业人员进行管理，这些专业人员不仅要能看懂图纸，懂金属、非金属的材料性能，还要了解备件的加工制造工艺。同时还要学会编制设备管理计划，确保备件的完好。

（2）备件库的管理。

体育场馆备件库的管理涉及多方面的工作，工作内容非常复杂，因此体育场馆经营者一定要有充足的人才储备，缺少管理人才会导致体育场馆的运转不利。制造或采购的备件，入库建账后应当按照程序和有关制度认真保存、精心维护，保证备件库存质量。通过对库存备件的发放、使用动态信息的统计、分析，可以摸清备品配件使用期间的消耗规律，逐步修正储备定额，合理储备备件，及时处理备件积压、加速资金周转，这样能为运动员的日常训练提供必要的保障。

三、体育场馆的安全管理

由于体育运动训练和比赛之中发生运动事故的概率较高，因此对于体育场馆管理者而言，一定要做好体育场馆的安全管理，尽可能地降低安全风险。为实现降低安全风险的目标，必须要构建一个系统完善的危机预防体系。总的来说，针对体育场馆中存在的安全问题，体育场馆的经营者必须要采取有针对性的措施和手段逐步提高管理效率，不断加强体育场馆的硬件基础设施建设,并事先制定好危机处置的方案,以应对将来可能会发生的危机事件。这样才能有效避免安全危机,保证体育场馆各项工作的顺利进行。

具体而言,体育场馆的安全管理工作主要包括以下几个部分的内容。

(一)建立危机处置组织和机构

要想及时有效地应急处置各类危机事件,尽最大可能地避免安全事故带来的伤害,体育场馆的拥有方应与大型赛事主办方联合起来,建立一个应对各类危机的组织机构,这一组织机构的设置要合理,应将指挥协调机构、现场应对组织、媒体协调机构等机构纳入其中(图 5-1)。

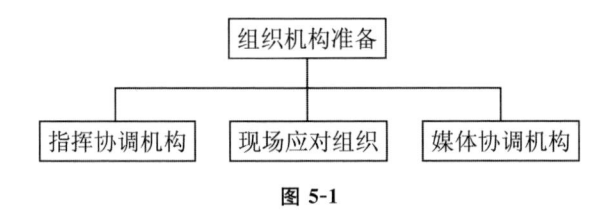

图 5-1

1. 指挥协调机构

指挥协调机构应满足以下要求。

第一,体育场馆要具有强大的综合协调能力,能灵活应对各种事故和风险。要对指挥调动、信息交换处理、过程控制等功能负责。

第二,要能合理地指挥和调度体育场馆的各种危机防范资源。

第三,遵循精简、高效、层级少的基本原则,协调好不同部门和机构的工作,确保管理工作的高效性。

2. 现场应对组织

现场应对组织也是体育场馆处理紧急事件的必不可少的组织,一般来说,可以大致分为以下几种类型,每种类型都有其各自

第五章 发展核心——体育产业核心层的经营与管理

的职能,缺一不可。

(1)现场便衣安保人员组织及其职能。

大量的现场便衣安保人员,能够及时有效地处理赛场内、住地、交通路线等场所突发事件,从而避免更大的安全危机事件。

(2)反恐特种部队及其职能。

反恐部队对于体育场馆的安全管理而言是十分重要的,尤其是在大型体育赛事举办期间,反恐部队的存在就显得更为重要。反恐部队的主要职责是执行反劫持、反爆炸、反袭击等安保反恐防暴任务。

(3)消防、医疗、反生化、反核小组及其职能。

消防、医疗、反生化、反核小组主要由各个行业的专业人员组成,其主要职责在于对场馆内和比赛中可能发生的火灾,运动员、观众受伤、突发急性病症等紧急事件进行及时有效的处理,确保赛事获得顺利举行和保证赛事参与人员的人身安全。

(4)现场周边应急待命力量及其职能。

现场周边应急待命力量的主要职能是处理体育场馆和比赛中可能发生的一切暴力行为或动乱。当发生大规模的暴乱或严重暴力行为时,可以请求防暴警察甚至是部队的支援。

(5)志愿者和工作人员及其职能。

体育场馆志愿者及工作人员的基本职能是发现危机和应对危机,工作人员一定要树立危机感,处理好体育场馆管理工作中的各个细节。

3.媒体协调机构

媒体协调机构的建立也是非常有必要的,这一机构的作用主要表现在对危机的预防和化解方面。在赛事举行之前,体育场馆管理人员要建立一个完善的媒体协调机构,这一机构主要对赛事新闻发布、媒体关系协调等工作负责。在危机发生时,媒体协调机构要能及时有效地发布相关信息,要塑造良好的形象,确保公众的知情权,在出现危机事件时要做好宣传工作,避免出现大众恐慌。

(二)建立危机处置机制和预案准备

危机处置组织机构是体育场馆安全管理的重要机构,这一机构的运作主要包括两个方面:一方面是组织机构个体本身的运作;另一方面是各类组织机构相互配合、相互协作,共同形成一个协调完备的系统,在统一的组织安排下实现安全防卫管理的目标。

总的来看,体育场馆危机处置组织机构的内容主要有:危机应对的决策机制、信息沟通协调机制、危机预警评估机制、不同类型危机的应对预案准备等(图5-2)。这一组织机构的内容要保证齐全,缺一不可。

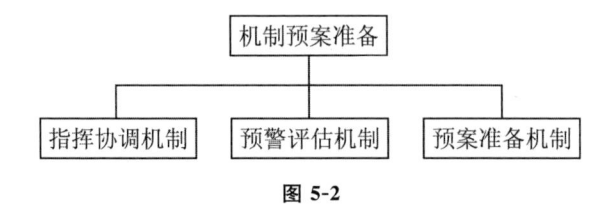

图 5-2

(三)危机应对的硬件设施准备

在体育场馆硬件设施的防卫管理上,要充分考虑各类危机情况并做好各项预备工作。其中,比赛场馆应急场所的土木建设,安保硬件设施的采购安装、预警侦测和应急救援设备器材的采购、储备、部署、调试,急救人员所需食品药物的调拨准备等(图5-3)都是非常重要的方面。场馆应急设施建设是极为重要的内容,主要涉及两个方面:一方面,主要是场馆及配套设施的安全防范设计;另一方面是强化场馆的安全减灾能力。通过这几个方面的建设,能在一定程度上确保体育场馆的安全,保证安全系统的顺利运行。

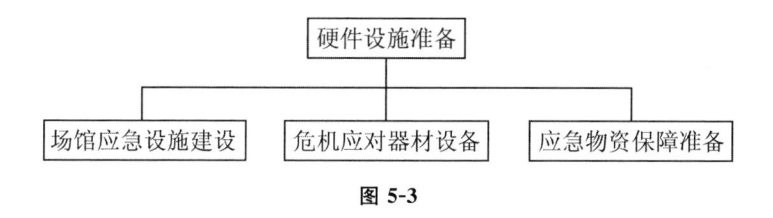

```
            硬件设施准备
       ┌────────┼────────┐
  场馆应急设施建设  危机应对器材设备  应急物资保障准备
```

图 5-3

(四)危机应对的人力资源准备

人力资源的储备在应对危机时扮演着十分重要的角色,体育场馆要想更好地应对危机和处理危机,就必须加强体育场馆工作人员的管理,提升他们的综合素质,不断强化他们应对危机事件和各种事故的能力。总体而言,提升体育场馆工作人员综合能力的途径主要有在岗人员的专业培训、专家智囊团和公共危机教育准备等几个部分(图 5-4)。体育场馆管理者要根据具体实际情况合理选择。

```
            人力资源准备
       ┌────────┼────────┐
  各类岗位人员培训  专家智囊团准备  公众危机教育准备
```

图 5-4

四、体育场馆的票务管理

(一)体育场馆门票的销售

体育场馆门票的销售方式可分为三种:第一种是由体育赛事运作管理机构直接进行门票销售;第二种是全委托专业票务管理公司全权代理门票销售;第三种是两种方式相结合。

第一种销售方式的优点在于不会产生代理成本,便于控制,缺点是受限制因素较多,销售渠道比较薄弱。

第二种销售方式的优点在于票务管理公司拥有专业技师和经验,能够更好地进行门票的销售,缺点是会产生代理成本,控制力不强,存在一定的风险。

第三种销售方式结合了前两种销售方式的优点,但如果管理不恰当,就容易导致体育赛事运作管理机构和票务管理公司之间的渠道冲突,不利于门票的销售,对体育企业的形象是不利的。

体育场馆管理者可以根据自身的具体实际合理选择以上方式。如果是在本地周期性举行的常规赛事,可由体育赛事运作管理机构直接销售或者委托赛事举办的场馆售票点进行销售;如果是大型综合性赛事,可委托相关的票务管理公司承担部分门票销售工作。

门票的销售工作是非常重要的,它对于提高体育企业的经济效益具有直接的影响。一般情况下,门票销售策略可以采用以下几种。

1. 门票分类策略

依据不同的分类标准,体育场馆门票可分为以下几种不同的类别:

(1)门票可以划分为开放式门票和编号式门票两种,前者无须对号入座,后者则必须按票面上座位号对号入座。由于开放式门票容易因座位问题而引发各种不必要的纠纷,因此这一种方式采纳率较低。

(2)按座位不同区域与位置划分,可以划分为普通票、贵宾票和包厢票等几种。这三种门票的价格依次上涨。观众可以根据自己的经济实力选择合适的门票种类。

(3)按比赛场次分,可以划分为单场票和套票两种。其中单场票仅可观看单场比赛,套票则含多场比赛或者赛事所有比赛。如中超联赛就有单场比赛门票和季票。

2. 门票的销售时间策略

门票在什么时间销售也是一个值得考虑的问题,门票的销售

第五章　发展核心——体育产业核心层的经营与管理

时间主要包括何时开始预订、何时开始售票、何时结束售票等几种。

体育企业的管理者在制定门票的销售时间策略时,要全面考虑门票的销售成本、购票者的心理变化、市场竞争情况等多种因素,根据消费者的具体实际合理制定门票的销售时间。

3. 门票的销售网点策略

体育场馆门票的销售网点主要包括网点的数量、类型、分布区域的计划与设置等。在其他变量不变的情况下,门票销售网点数量的增加会增加门票销售成本,因此,需要对门票销售网点的数量进行合理的规划,同时,也要规划好其类型和分布区域,以满足广大消费者的爱好和需求。

4. 门票的定价策略

通常来说,社会上有一些体育场馆,消费者出入是需要门票的,因此关于门票的定价也是一门学问。体育场馆的管理者,一定要学会定价的策略,同时还要学会如何销售。通常来说,体育场馆经营者会推出套票和团体票服务,这一部分门票的售价比一般的零售票更加便宜,能给人们带来一定的实惠,比较受经常来体育场馆的消费者的欢迎。除此之外,体育场馆经营者还可以采取预订的方式来销售门票,消费者也能获得一定的实惠。因此,在门票的定价上可实行分级策略,以吸引不同购买能力的消费者。

(二)体育场馆门票的防伪管理

体育场馆在平时要十分注意门票的防伪工作。做好这方面的工作可以从以下方面入手:

1. 印刷环节

在印刷环节上,可采用激光全息防伪标识、水印、荧光变色油墨印刷、安全底纹防伪、缩微技术、温变、特种纸张、票内印有激光全息暗记等多重防伪技术,从而增加造假的难度,避免出现伪造的门票。

2.购票环节

门票设置防伪密码。购票者购到门票后,可通过防伪密码的查询来辨别门票的真伪。

3.验票环节

在验票时,可以通过肉眼辨别、防伪仪器辨别、条码扫描阅读器等方式进行辨别。

第二节 体育赛事的经营与管理

体育赛事属于体育产业的核心层,随着体育产业的不断发展,各种类型的体育赛事逐渐增多,成为推动体育产业不断发展的重要力量。加强体育赛事的经营与管理对于体育产业的健康持续发展具有重要的意义。

一、体育赛事的概念

体育赛事是指以体育比赛为核心的一系列活动的总称。其中赛事筹备、赛事组织、赛事管理等都是体育赛事的重要内容。这些内容共同构成了体育赛事庞大的产业系统。

体育比赛的内容非常丰富,它与体育赛事的概念比较相近,但体育赛事的外延要更为广泛。体育比赛主要指的是体育比赛的具体实施,而体育赛事不仅包括这些,同时还涉及组织与管理、市场开发与经营、人力资源管理等多个方面。

二、体育赛事的构成要素

（一）人力要素

在任何事物的发展中，人都扮演着至关重要的角色，所以说人力要素是体育赛事系统中最为重要的要素之一。体育赛事的成功举办需要人人参与，只有人人参与，体育赛事才能顺利地进行。通常情况下，体育赛事的人力要素主要包括主办组织、赞助商、媒体、工作团队、竞赛直接参与者与观众等各个部分。

（二）物力要素

物力要素也是体育赛事顺利举办的重要条件。大量的事实表明，物力要素的完善与否将对体育赛事能否顺利举办产生极为重要的影响。体育场馆、体育设施与设备、交通运输设施、安全保卫设施等都属于体育赛事的物力要素。

（三）财力要素

举办体育赛事需要花费大量的资金，因此主办方没有一定的财力是无法办好体育赛事的，所以说财力也是体育赛事的一个重要构成要素。

随着体育赛事的不断发展，体育赛事的商业化运作也日益受到重视，体育赛事的顺利举办需要充足的资金，只有具备了这一条件主办方才能获得体育赛事的举办权。随着体育赛事规模的不断扩大，起点也在不断提高，在这样的情况下，运动员的报酬也逐步增加，比赛的激烈程度也不断提高，观众也越来越多。这些都需要大量的资金来支撑，确保体育赛事活动的顺利进行。

（四）技术要素

随着现代技术的不断发展，高科技元素的应用场景越来越多。体育赛事的成功举办与高科技的关系越来越密切,一次体育赛事的成功在一定程度上是由技术要素决定的。

发展到现在,体育赛事得到了高科技的大力支持,通过大量的高科技设备,观众能欣赏到高质量的比赛画面,同时也给赛事组织者带来了极大的便利。总的来说,体育赛事的技术要素具体包括网络技术、通信技术、相关软件技术等几个部分,它们对于体育赛事的顺利举办具有重要的保障作用。

三、体育赛事经营管理的理念

要想经营管理好体育赛事,首先就要建立良好的经营管理理念。管理理念可以说是体育赛事运作过程中管理者管理行为的重要依据,这一管理理念要随着体育赛事的发展而不断深化和完善,这样才能保证体育赛事健康持续发展。

体育赛事管理活动涉及多个环节,每一个环节都包含诸多要素,这些要素会受到各方面的限制与影响,如管理者的素质、管理目标、管理环境、信息环境等。人力资源是体育赛事管理中最为重要的因素之一,人所持有的经营管理理念在很大程度上决定了管理的效益与效果。因此,为促进体育赛事产业的顺利发展,建立正确的管理理念是尤为重要的。

随着现代体育及体育赛事的不断发展,管理理念的选择愈发重要。理念不仅是相对的,而且是有限制的,并没有绝对管理理念的存在。同时,管理理念也是不断发展的,管理者要紧跟时代发展的潮流,不断更新和完善管理理念。

(一)体育赛事项目管理理念

1. 体育赛事项目管理的理论基础

体育赛事项目的管理属于一种系统资源的管理,在具体的管理活动中,涉及管理理论、管理手段、管理方法和管理策略等多个

第五章　发展核心——体育产业核心层的经营与管理

方面的内容,作为体育赛事经营者一定要选择合适的管理手段与方法,这有利于体育赛事活动的顺利开展。

体育赛事是一个大的系统,系统内元素众多,要想实现体育赛事系统的顺利运转就必须以系统工程理论为指导,组织与管理整个赛事过程。在系统工程理论的指导下,体育赛事经营者对人力、物力、财力等资源进行科学的管理,以获得理想的经营与管理效果。

2. 体育赛事项目管理理念的内容

体育赛事项目管理可以说是在一定时期内,利用一定的资源完成一系列任务,最终实现一定结果的程序。具体的实施步骤为赛事项目的策划与启动、赛事计划的制订、赛事活动的实施和赛事的善后工作。赛事管理就是通过运用有关的管理职能,对体育赛事的各项要素进行管理,最终实现既定的赛事目标。在赛事管理活动中,通常会遇到各种各样的困难和问题。因此,赛事管理人员一定要结合体育赛事的内外资源环境与人员素质环境选择恰当的管理手段与方法,以实现管理效益。

(二)体育赛事营销理念

1. 宏观营销理念

一般情况下,人们参加的一切活动都要考虑社会效益和经济效益,不能为了经济效益而忽略了社会效益,二者是密切联系在一起的,起着相互促进、相互推动的作用。如果通过体育赛事活动的举办,能获得理想的社会效益,这样就能营造一个良好的体育产业氛围,扩大体育产业规模,促进体育产业发展,这对于体育赛事的发展也是极为有利的。在体育赛事管理过程中,应牢固树立市场运作的观念,力争打破传统思维的束缚,实现良好的管理效果。

在体育赛事运作与管理的过程中,一定要指导体育企业所有

部门树立整合营销的观念,这有利于企业经营效益的获得。总的来说,体育赛事经营者要树立以下几个管理理念:

(1)充分满足消费者参与体育赛事互动或观看的需求,体育赛事的经营者要密切注意消费者的这一需求,为其提供良好的消费体验。

(2)降低消费成本。体育赛事活动的举办需要企业付出大量的成本,主要涉及货币投入、时间耗费和精力耗费等多个方面。降低这些消费成本是体育赛事活动有序进行的重要保证。

(3)体育赛事活动要为消费者提供便利。参与体育赛事活动的消费者是非常多的,因此体育赛事的经营者要为其提供各种便利的服务,以保证赛事活动的顺利运行。

(4)加强赛事经营者与消费者的双向沟通:赛事经营者要了解消费者的满意程度,加强沟通与交流,掌握消费者的消费意向。

(5)努力把握市场环境:赛事经营者还应做好内外经营环境的分析和市场调研,做好产品或服务的宣传与营销工作。

2. 微观营销理念

(1)做好体育赛事产品的包装与宣传。

发展到现在,体育产业获得了非常快速的发展,人们对体育赛事及各种体育服务的认识也越来越深刻,这为体育产业市场规模的扩大奠定了良好的基础。体育场地、体育设备等是人们参加体育活动的必要条件,除了加强体育基础设施建设外,还需要做好体育赛事活动的组织与管理,努力提升赛事的观赏性,吸引大量的消费者前来参与。总之,为促进体育赛事产业的发展,就要保证体育赛事产品的质量,做好产品的包装与宣传。

(2)努力提升体育赛事产品的质量。

为吸引广大的消费者积极参与体育赛事活动,就要不断提升赛事产品的质量和服务水平。体育赛事产品的质量主要包括两个方面,一是赛事组织者的组织与管理水平,二是运动员比赛水平的发挥和裁判员等工作人员的表现。这两个方面都会影响体育赛事产品质量的提高。

（3）加强体育赛事产品开发的力度。

赛事经营者要做好产品的调研，深入细致地分析市场的需求，争取做出最能吸引目标群体的产品。体育赛事的市场需求非常重要，有需求才会有相应的资源向某一方面投入，从而出现满足消费者需求的产品。因此要加大体育赛事产品开发的力度首先就要了解消费者的消费需求。

（三）体育赛事可持续发展理念

早在1987年，"可持续发展"的理念就出现了。可持续发展是指满足人类目前的需要和追求，又不对未来的需要和追求造成危害的发展。伴随着我国社会主义市场经济的发展，我国非常重视各项产业的可持续发展，各项事业都按照可持续发展的要求进行，体育赛事的发展也不例外。

发展到现在，可持续发展理念已广泛深入人心，被应用到社会各个领域，收到了明显的成效。在体育领域，可持续发展理念也受到了体育专家、学者及体育事业工作人员和体育爱好者的广泛认可，获得了不错的发展。

四、体育赛事经营管理的策略

（一）不断创新体育赛事的经营理念

体育赛事经营管理者的管理理念对于体育赛事的开展起着极为重要的作用，可以说，只有具备正确的管理理念，体育赛事才能获得好的发展。

我国举办体育赛事的经验与国外体育产业发达国家相比还相对不足，在经营管理理念方面也比较欠缺。为促进我国体育赛事的健康成长，我们应积极学习西方国家的成功经验，采用"俱乐部"法人治理的体育经营管理制度以及体育赛事所有权与经营权相分离的经营管理方式,以激发体育赛事经营者的主动性,提高体育赛事经营的灵活性。另外,体育赛事经营者还要与时俱进地更新和创新经营理念,探寻促进我国体育赛事产业发展的新模式。

(二)加强培养体育赛事经营的专业管理人才

体育赛事的经营管理涉及很多部门,如门票管理、赛事赞助、赛事产品服务等都是其中重要的方面,这些部门都需要高素质的人才进行管理,这样才能保证体育赛事组织活动的顺利运转。因此,体育赛事机构除了选拔和聘用高水平的管理人才外,还要在平时加强他们的培训,不断提高其综合素养。

当前,我国培养体育赛事专业人才的机构还比较欠缺,还没有建立一个体育赛事经营管理人才培养体系。这需要今后大力发展。在培养体育赛事人才的过程中,要注意分级培养各种不同层次与不同需要的体育赛事经营管理人才,这样才能满足体育赛事对于经营管理人才的多样化需求。

(三)不断探索新的体育赛事经营体制

为促进我国体育赛事产业的发展,必须加大大型体育赛事的投入力度,提高这些赛事的质量,扩大其在世界范围内的影响力。目前,我国体育赛事主要由体育赛事项目管理中心进行审批,然后由下属的体育赛事项目协会对其进行管理。在社会主义市场经济体制下,这一经营管理体制有较大的局限性,难以跟上时代发展的脚步。因此,体育赛事的经营管理应遵循市场经济发展的规律,由体育赛事相关的各个协会或"体育俱乐部"实行自行经营管理的模式与方法,自主开展一切体育赛事活动,这样能很好地刺激体育赛事产业市场的活力,推动体育赛事产业的健康快速发展。

(四)科学评估体育赛事

体育赛事的经营管理者要科学评估体育赛事的影响,包括对社会、经济等多方面的影响。在评估的过程中,既不要夸大其所产生的负面影响,也不能忽视其所产生的积极作用,应权衡利弊,深入细致地分析体育赛事的利弊得失,以为今后体育赛事的举办积累经验。

第三节 职业体育俱乐部的经营与管理

职业体育俱乐部是竞技体育高度发展的产物,当前一些发展形势良好的运动项目已逐步走上了产业化发展的道路。本节就重点探讨职业体育俱乐部如何科学地经营与管理。

一、职业体育俱乐部经营管理的内容

通常来说,职业体育俱乐部经营管理的内容主要包括以下几个方面,下面做出具体的研究与分析。

(一)冠名权经营

冠名权是职业体育俱乐部经营中的重要内容,俱乐部管理人员通常都非常重视冠名权的管理。目前,据调查发现,我国各项目职业俱乐部冠名权转让收入一般都占到俱乐部经营收入的50%以上,中超足球俱乐部除了拥有开发与利用冠名权的权利外,还可以对城市冠名和球队冠名进行经营与管理。实际上,冠名权经营就是职业俱乐部为冠名寻找赞助商的过程。如何宣传俱乐部,吸引赞助商对俱乐部进行投资,冠名品牌赛事是俱乐部管理人员必须考虑的事情。

(二)广告权、电视转播权等无形资产的经营

一般来说,职业体育俱乐部经营的重要内容主要包括广告权与转播权的经营两个部分:一方面,职业体育俱乐部中的无形资

产主要是转播权与广告权;另一方面,广告与转播收入是职业体育俱乐部的重要来源。

职业体育俱乐部无形资产的转让离不开体育转播媒体的参与,这是其影响力不断提升的重要途径。目前,我国的体育电视转播机构主要有以下几个(表5-3)。

表5-3 中国体育电视转播的主要机构

类别	机构
国际转播机构	卫视、ESPN、NBC、BBC
全国性转播机构	中央电视台
全国性体育转播机构	中央电视台5频道
地方性转播机构	各省、市、区等地方电视台
有线电视体育转播机构	全国有线电视网、各地方有线电视台

职业体育俱乐部转让广告权和电视转播权需要进行深入的探讨,只有那些具有一定影响力和具有一定观众的赛事才能吸引更多的赞助商,才更容易获得大的赞助。将转播期间的广告时段出售给广告商是转播商的主要收入,一个节目是否有较大的受众面是大部分广告商对广告时段进行购买的重要依据。因此,职业体育俱乐部必须要具有一定的社会影响力,且具有良好的品牌形象,这样才能吸引广告商花费大量的金钱去购买广告权与电视转播权。

(三)观众产品经营

观众产品经营是指俱乐部向观众提供各种产品和服务,通过各种经营活动消费者能够产生一定的归属感。其内容主要包括两大类:一类是服务性产品的经营,如会员俱乐部、酒吧等;另一类是相关标志品的经营,如纪念品、围巾、队服等。这两大类都属于职业体育俱乐部产品经营的重要内容,俱乐部管理者要十分重视这两个方面产品的经营。

在体育俱乐部经营中,观众产品经营是俱乐部财力资源来源

第五章　发展核心——体育产业核心层的经营与管理

的一个重要渠道,管理层在平时的经营管理中要高度重视这一方面的建设与运营。品牌形象对于职业体育俱乐部而言是非常重要的,企业经营管理人员一定要提高自身素质,给观众留下一个良好的印象。这是一种重要的无形资产,对于职业体育俱乐部的长远发展是非常有帮助的。

(四)门票经营

门票是职业体育俱乐部一项非常重要的收入来源。门票能在很大程度上反映出体育赛事的质量,同时也能反映出俱乐部的经营状况。因此,职业体育俱乐部通常都比较重视门票收入情况,都会采取各种有效措施和手段来吸引更多的观众观看比赛,这样能获得理想的门票收入。门票经营是一项复杂的工作,一定要做好组织和营销,管理者要努力创造各种有利条件使观众参与比赛,创造良好的赛场氛围,制定合理的门票价格,让广大观众获得愉悦的观赛体验。

(五)商业性赛事经营

在当今竞技体育高度发展的背景下,职业体育俱乐部都非常重视商业性赛事的经营,这一经营活动能为俱乐部带来丰厚的经济利益,如表演赛、友谊赛等就是这样一种形式。以足球俱乐部为例,皇马中国行、英超中国赛等都属于这样的商业性赛事。这些赛事能吸引大量的球迷前来观看,为俱乐部创造丰厚的经济效益。

商业性体育赛事的经营并不是一件简单的事情,需要做好以下几点:第一,俱乐部工作人员要事先做好充分的调查,测算好体育赛事的收益,缩小成本节省开支,同时还要获得可观的经济效益;第二,策划的体育赛事要能吸引大众的目光,激发人们参与的热情,树立良好的俱乐部品牌形象;第三,管理者在赛事经营的过程中,要恰当地处理好比赛与训练的关系。

总之,职业体育俱乐部在经营与管理的过程中,不能一味地追求经济利益而忽略了其他方面的发展,要将经济效益与社会效益结合起来,以期获得理想的综合效益。

(六)运动员转会

运动员转会主要指的是俱乐部以自身经营目标和球队成绩的实际状况为根据,通过最合理的价格进行运动员买卖的经济活动。估算转入或转出运动员的价格是转会经营的最主要方面,俱乐部管理人员要对此进行全面的考虑,尽可能制定一个最为合理的价格。买卖运动员的价格质量比是运动员转会经营的核心,职业体育俱乐部要根据自身的实际情况合理评估运动员的身价,在运动员水平得到保证的前提下确定一个适宜的交易价格。

二、职业体育俱乐部经营管理的方式

自营与委托管理是目前大多数职业体育俱乐部所采取的两种管理方式。自营是指俱乐部自己开发与经营管理一切活动或事务;委托管理则是指将俱乐部交由中介机构代为经营和管理,二者各有优点和缺陷,需要综合来看。

调查发现,发达国家一般都采用自营的模式来经营和管理体育俱乐部,有的俱乐部会采用自营和委托相结合的方式,如北美的一些职业体育俱乐部。随着现代社会的不断发展,大多数的职业体育俱乐部开始从自营方式向复合经营方式不断转变。其原因主要有:第一,随着竞技体育的不断发展,职业体育市场也在不断拓展,不断壮大;第二,出现了越来越多的体育商务活动;第三,营销方式和经营内容的创新在一定程度上决定着职业体育俱乐部的经营业绩。

职业体育俱乐部的委托经营主要是通过授权中介机构进行,俱乐部和中介机构都有非常明确的分工,能发挥各自的优势,获得经营效益的最大化。因此,职业体育俱乐部要根据客观实际合理选择适合自己的经营方式,通过委托专业性较强的中介机构可谓是一种良好的经营方式,这对于提高职业体育俱乐部的经营与管理水平是非常有利的。

需要注意的是,职业体育俱乐部在采用委托经营方式时,可能会遇到为了获得最大的经济效益而采取极端手段的情况。这时,俱乐部要采取有针对性的措施加以预防:一方面,要做好全面的调查,充分了解业内中介机构的详细情况;另一方面,签约时要仔细地分析合同中的各个条款和规定,明确双方的责任和义务,同时还要激励中介机构做好各方面的工作。

第六章 发展辅助——体育产业外围层及相关层的经营与管理

在体育产业体系中,体育产业的外围层及相关层是除核心层之外的两个重要组成部分,这两个层面是体育产业发展的重要辅助力量,对于整个体育产业的长远发展是非常重要的。本章就重点研究体育用品业、体育彩票业、体育传媒业、体育广告业、体育赞助业、体育经纪业等方面的发展情况,并对其管理做出细致的研究与分析。

第一节 体育用品业的发展与管理

一、体育用品业的概念与分类

(一)体育用品业的概念

体育用品是人们进行体育活动的最基本的物质条件,主要用于体育运动,所以,我们能够通过对产品"用途关联分类法"方式的运用来对体育用品业进行界定和划分。体育用品业可以界定为:生产体育活动中适用的专门的物品的企业集合。[①]

总的来看,体育用品业是一个跨系统、跨行业产业,产业内包含的要素众多,这一个大的行业又可以分为一系列子行业,如体育器材业、运动服装业、运动鞋制造业等。这些子行业的发展是

---

① 李万来.体育经营管理概论[M].北京:人民体育出版社,2006.

第六章 发展辅助——体育产业外围层及相关层的经营与管理

非常重要的,只有这些行业得到发展了,整个体育用品业才能获得良好的发展。

(二)体育用品业的分类

1. 体育用品业分类的意义

体育用品业分类的意义主要体现在以下几个方面:
(1)便于体育行政部门进行管理。
(2)便于体育用品行业协会保持自律,为体育用品业的发展提供保障。
(3)有利于各类体育产品的开发、生产、经营和管理。
(4)有针对性地培育体育用品市场,促进体育用品业的发展。

2. 体育用品业的具体类别

随着现代体育产业的快速发展,体育用品业的类型也越来越多样化,通常来说主要分为以下几大类:
(1)球类制造。

足球、篮球、乒乓球等各种球类运动的相关产品都属于这一类型,这一类型在当今体育产业中占据着重要的位置。

(2)训练健身器材制造。

供健身房、家庭、体育训练等使用的健身器材以及运动物品的制造就属于这一类型。这一类型也是体育用品业的重要内容,有很多体育用品企业都拥有这一方面的生产线。

(3)体育器材及配件制造。

体育器材及配件制造这一类型又可以分为比赛器材、比赛用品、训练辅助器材和体育场馆设施等几个方面。这些在运动员的运动训练中都扮演着非常重要的角色,其生产的规格要求较高。

(4)运动防护用具制造。

运动防护用具制造是指为各项运动特制的各种材质的手套、鞋、帽以及护具的生产。如护膝、滑雪手套、太阳镜等都属于这一类型。

二、我国体育用品业的发展现状与趋势

(一)我国体育用品业的发展现状

调查发现,我国体育用品业目前还存在不少问题。这主要体现在以下几个方面:

1. 产品开发不充分

总的来看,当前我国体育用品业还基本上属于劳动密集型产业,其发展的重点在于生产,关于产品的销售相对来说受到忽视,并且大部分体育企业比较缺乏开拓国内市场的观念和意识。与国外体育产业强国相比,我国的体育产品还处于初级发展阶段,市场细分化程度低,产品品种单一,质量也不高,难以满足消费者的多样化需求。由此可见,我国体育产品的开发还非常不充分,需要进一步改进与发展。

2. 市场的集中程度较低

我国地域辽阔,各区域间的差异较大,据调查,大部分的体育用品生产企业都集中在我国东南沿海省份,体育企业的数量是全世界最多的。但需要注意的是,企业数量众多,但质量并不高,企业所获得的效益也并不令人满意。总体上来看,我国的体育用品业存在着规模小、产品质量差、市场集中度偏低等问题,还需要今后大力发展。

3. 与体育服务市场的关联性较小

体育用品市场是为体育运动实践提供装备的专业市场。调查发现,国外知名的体育用品企业设计和研发产品往往具有体育场地、体育组织和体育活动三个方面的要素。但目前我国大部分的体育用品业还缺乏一定的营销意识,也没有很好地意识到体育

第六章 发展辅助——体育产业外围层及相关层的经营与管理

产品与体育服务市场之间的密切关系,这非常不利于体育企业开展经营活动。因此,这就要求我国的体育用品业必须提高自己的生产经营活动同体育服务市场的关联度,从而进一步提升本企业产品的市场占有率,提高企业的影响力。

4. 缺乏高素质的体育人才

调查发现,当前我国缺乏高素质的体育人才,这主要表现在三个方面:第一,缺乏高素质的企业家;第二,缺乏高素质的体育营销人才;第三,缺乏专业化的产品设计和研发人才。这三个方面的人才对于体育用品业的发展是至关重要的,因此要受到高度重视。总体上来看,人才问题已严重制约我国体育用品业乃至体育产业的发展。因此,今后要将体育人才的培养作为重要的任务。

5. 行业管理不够健全

在体育用品业中存在着大量的激烈的竞争,体育企业要想提升自身的竞争力和影响力,就要建立一个健全的行业规范,建立一个健康的完善的体育产业市场。在建设的过程中,只靠企业自身的努力是不够的,还需要充分发挥行业协会的作用,加强体育用品企业与社会各种力量的配合。当前,我国体育用品业获得了前所未有的发展,取得了一些成果,但是,这还远远不够。例如,缺乏与国外体育产业之间的互动与交流,缺乏一个严谨的健全的体育行业法规和制度。在这样的背景下,容易出现大量的假冒伪劣产品、侵害知名企业的知识产权等一系列不正当行为,因此制定健全和完善的体育产业管理制度,建立健全的行业规范是非常重要的。

(二)我国体育用品业的发展趋势

1. 各类体育用品企业积极参与国际分工

在全球一体化背景下,我国的体育产业面临着其他国家的强烈冲击,但同时,这也给我国体育用品业的发展带来了前所未有的机遇。参与国际分工,取长补短成为我国体育用品企业发展的一个主旋律。

(1)我国体育用品企业将会主动纳入体育用品全球生产体系,以便降低发展的风险,获得可靠的经济效益,这能极大地增强自身的实力。

(2)我国一些知名的体育用品企业要努力发展成为跨国公司,并建立和形成一个全球生产体系,积极参与国际分工,充分发挥自身优势,取长补短,获得大的发展。

2. 体育用品企业间的资产重组将更加活跃

随着我国体育产业的不断发展,我国体育用品企业的数量也在不断增多,这符合我国体育产业发展的具体实际,但总体上来看,与国外体育产业强国还存在一定的差距,主要表现在体育企业规模小且质量参差不齐。

体育赛事的不断增多,为体育用品业提供了巨大的商机。为了获得更好的发展,一些名气较大的体育企业开始实施收购、兼并、联合和重组,扩大了体育企业规模,提升了竞争力。

随着全球一体化的发展,体育用品行业之间的竞争更加激烈,这使得体育企业间资产重组活动的速度不断加快,很多企业开始利用资本进行扩充,重建本企业集团,这极大地优化了体育用品业的结构,使得体育用品产业集中度得到进一步提高,促进了产业间的融合与发展。

3. 体育用品企业的研发投入和产品科技含量将不断提高

走国际化、品牌化发展道路是我国体育用品企业必须要经历的,这是世界上各大型知名体育用品企业的发展经验。体育用品业的国际化发展主要包括产品研发的国际化、市场营销的国际

第六章 发展辅助——体育产业外围层及相关层的经营与管理

化、组织经营的国际化、管理模式的国际化等四个方面。[①] 我国各个类型的体育用品企业,一定要树立具有影响力的体育品牌,坚持品牌创新,体育企业要不断加大研发投入力度,提高产品的科技含量,促进体育用品企业的现代化发展。

4. 体育用品多样化、多能化、微型化、舒适化、绿色化

通过体育用品业发展的现状分析,可以得出未来体育用品的几个发展方向:

(1)多样化发展。

随着人们生活水平的改善和提高,人们的个性化需求越来越多,因此为了满足消费者的不同需求,体育用品企业必须要生产出不同规格、不同款式、不同工艺的产品。

(2)多能化发展。

调查发现,很多人都非常希望体育用品有多种不同的用途,为满足消费者的这一需求,体育用品企业必须制定相应的产品策略,完善体育产品发展线,使其向着多功能的趋势发展。

(3)微型化发展。

微型化指的是体育用品的重量会不断减轻,体积会不断缩小,这是体育用品业发展的一个主要趋势。

(4)舒适化发展。

在个性化需求发展的背景下,以人为本的设计理念格外引人注意。体育产品企业,必须要充分考虑消费者在使用体育产品过程中的心理体验,只有体育用品变得美观与舒适,能给消费者带来愉悦的使用体验,才能获得良好的口碑,体育企业才能获得好的发展。

(5)绿色化发展。

体育用品企业在生产与加工的过程中,通常会对自然环境造

---

① 李万来.体育经营管理概论[M].北京:人民体育出版社,2006.

成一定的污染,这对于大自然及人类社会的发展是非常不利的,因此体育用品企业需要走绿色化的可持续发展道路,这是一个非常重要的趋势。绿色化发展的主要目的是节约能源、保护环境,这一点众多的体育用品企业已达成共识。

三、我国体育用品业的管理策略

(一)合理变革营销方式

对于体育用品企业而言,外部社会及经济环境是一个制约和影响其发展的重要因素,因此体育用品企业不仅要适应外部环境,而且要善于改善外部环境,十分重视企业的营销和管理。[①]

与体育用品企业有着紧密关系的利益相关者主要有供应商、中间商、竞争者、政府、社会组织、消费者等,将这些合理调整建立一个良好的营销模式,对于体育用品企业的未来发展有着至关重要的作用。

(二)合理选择体育用品业的经营场所

体育用品企业在选择体育场地时比较讲究,通常情况下倾向于选择那些地段比较繁华和居民较多的地区,这样才能利用优越的商业氛围和便利的购物条件,吸引消费者前来参与消费,从而获得经济利益。

除此之外,体育企业还要合理地选择与体育用品业相关的经营口岸,在人员比较密集的地区设立经营场所,如体育场、体育馆等,这样能为人们提供较大的便利,从而获得丰厚的经济效益。

(三)开发创新产品,满足消费者的个性化需求

体育用品的市场营销非常重要,要引起体育企业的高度重

---

① 李万来. 体育经营管理概论[M]. 北京:人民体育出版社,2006.

视。体育企业要做好充分的市场调查,以调查结果为依据设计与生产体育产品,并通过各种销售渠道展开产品的市场推广工作。

在当今信息化时代,体育企业所面对的消费者与以往有着较大的区别。在过去,消费者在产业市场中大多处于被动地位,体育用品企业生产什么,消费者购买什么,基本上是生产决定着消费。而发展到现在,在体育产业市场快速发展的今天,消费者已逐渐由被动地位转为主动地位,他们会主动要求体育用品企业生产某种产品以满足自己的需要。只有满足体育消费者的个性化需求,生产出多样化的体育产品,才能在广大的体育用品市场中站稳脚跟,从而获得持续发展。

(四)提高体育用品业的服务水平

对于体育用品企业而言,要想得到广大消费者的认可,不仅要保证产品的质量,还要保证消费者得到良好的服务。因此,体育用品企业要认真分析与把握消费者的兴趣及消费习惯,依据消费者的审美眼光和层次设计产品和提供服务。体育用品企业要不断革新服务方式,以尽可能地满足体育消费者的需求。在当今激烈的市场竞争背景下,体育用品企业必须要努力提升自己的服务水平,这样才能积累良好的口碑,树立良好的企业形象,从而获得健康发展。

第二节 体育彩票业的发展与管理

一、体育彩票的概念

彩票是指国家为支持社会公益事业而特许专门机构垄断发行,供选择和自愿购买,并按特定规则取得中奖权利的有价凭证。[1] 这一定义能很好地反映我国彩票的发行目的、发行方式以

---

[1] 夏正清.体育产业经营管理[M].西安:西安地图出版社,2011.

及性质。

依据彩票的定义,体育彩票是指以筹集体育资金等名义发行的,印有号码、图案或文字的,供人们自愿购买并能够证明购买人拥有按照特定规则获取奖励权利的有价凭证。[①]

根据体育彩票的定义,我们可以看出体育彩票属于市场经济发展下的一种特殊的商品,其价值较为独特,能为消费者提供服务,满足其心理需求。

二、体育彩票业的发展现状

虽然我国体育彩票业发展的时间并不长,但通过短时间内的发展也取得了一定的成效。需要注意的是,我们在欣喜的同时也要清醒地认识到体育彩票业仍然存在不少问题。

(一)发行成本高,彩票种类较少

与国外体育产业发达国家相比,我国体育彩票的发行经营成本相对较高,同时与福利彩票存在着一定的竞争关系,这对体育彩票是一个较大的冲击。目前,我国的体育彩票品种较少,相对单一,一些彩票种类甚至出现下滑趋势,因此,增加体育彩票的种类是一件较为紧迫的事情。

(二)现有彩票存有一定的缺陷,对彩民构成不良影响

当前,我国体育彩票业相比以往有了不错的发展,但也存在不少问题。如调查发现,当今购买体育彩票的人大都属于中低收入阶层,他们购买彩票的主要目的是获得丰厚的回报,有部分人甚至带有赌博的性质,为了获得丰厚的回报,把大量的时间、精力和金钱用在体育彩票上,有些人为了购买彩票,不惜借钱、变卖财产,这对彩民构成了不良的影响,这一点值得我们反思。

---

① 夏正清. 体育产业经营管理[M]. 西安:西安地图出版社,2011.

第六章 发展辅助——体育产业外围层及相关层的经营与管理

（三）缺乏完善的市场监管与法制体系

我国体育彩票产业的起步较晚，还没有形成一个严格规范的法律法规体系，体育彩票业的发展缺乏必要的保障。此外，在执行法律法规的过程中，还存在一些责任归属的问题，导致难以执法，难以达到应有的效果。

尽管我国体育彩票业存在不少问题，但我们也应看到我国体育彩票市场的发展潜力较大，这需要国家及政府相关部门要不断完善市场监管与法律制度，推动我国体育彩票业的进一步发展。

三、体育彩票业的运营策略

（一）建立品牌意识

品牌化建设已成为当今时代发展的重要标签，因此要想推动体育彩票业的进一步发展，必须建立一个良好的品牌。一个好的品牌不仅应具有怡人的名称、鲜明的标志，更应具有良好的口碑，能在消费者中树立起富有品位的形象。体育彩票业能很好地吸引广大彩民，满足彩民的消费需求，建立品牌意识是我国体育彩票业有所欠缺的。

（二）提升体育彩票业的含金量

要想提升体育彩票业的竞争力，就需要增加体育彩票在科技、体育和文化等方面的含量。当今社会是一个科技高速发展的时代，为更好地适应现代社会的发展，需要激发购买者的兴趣，不断加大体育彩票的科技含量。另外，作为一种具有娱乐性的产品，体育彩票也应该彰显其文化价值，做好文化方面的营销。

（三）建立一个多元化发展体系

随着现代社会的不断发展，消费者的需求也日益多元化，而消费者的需求则要求体育产业市场重新进行细分,只有如此体育企业才能为消费者提供良好的产品或服务,才能在市场上立足。[①]由此可见,体育产业市场细分是非常重要的,对于体育彩票业而言也是如此。体育彩票业在今后的发展中也要总结市场需求情况,并制定合理的发展策略,形成一个多元化的发展体系,以满足消费者的个性化和多元化需求。

(四)建立一个畅通的沟通渠道

有时,一些性能良好的产品市场销路却并不好,该产品即使有较高的质量也没有得到消费者的认可。这是因为这些产品没有通过有效的沟通,来赢得消费者的信任。科学的做法应该是建立一个畅通的沟通渠道,不断提高产品的知名度、印象度和美誉度,以激起消费者的购买欲望。

(五)提升体育彩票业从业人员的综合素质

21世纪,最重要的是人才,在各行各业中都需要大量的人才,这样才能有效促进本行业的快速健康发展。因此,为推动我国体育彩票业的进一步发展,也需要建立一个人才培养机制,培养大量的高素质的体育彩票经营与管理人才,建立一个健全和完善的体育彩票运行机制,提高体育彩票各个环节的透明度,促进工作效率的提高。除此之外,还要建立一套完善的用人制度,努力提升从业人员的整体业务素质。

(六)加强对体育彩票市场的调查研究

体育彩票是一项具有规律性的活动,因此,这就要求体育彩票从业者加强体育彩票的研究与分析,分析大众心理,研究体育彩票的发行方式,积极寻找市场,捕捉时机,不断扩大体育彩票的发行规模。除此之外,还要研究体育彩票的新玩法,激发彩民的

---

① 苏秀华.体育产业经营与管理[M].北京:北京体育大学出版社,2008.

购买欲望。总的来说,加强体育彩票的研究,对体育彩票的发展是非常有帮助的。

(七)加强体育彩票的销售与管理

目前来看,我国体育彩票销售点布局欠缺合理性,要么设在人口流动大的马路边,影响交通顺畅,要么依附于某个店面之外,这样的布局都不利于彩民购买彩票。针对这一问题,虽然有一些地区已经设立了体育彩票专营店等,但这种营销方式的普及程度还非常低,无法形成较大的规模。为改变这一现状,体育彩票管理部门应加强对体育彩票销售网络的宏观调控,不断提高体育彩票的整体效益。

第三节 体育传媒业的发展与管理

一、体育传媒的相关概念

(一)大众传媒

大众传媒是一个重要的传播途径和载体,报纸、广播、电视等都属于大众传媒的类型。大众传媒曾经在很长的一段时间里发挥了重要的作用,但随着网络时代的来临,传统的大众传媒受到了极大的冲击,但也不会轻易消失。

总体而言,大众传媒主要呈现出以下几个特征:

1. 大众传媒具有普遍性

普遍性是大众传媒一个非常重要的特点,这主要表现在两个方面:一方面在受众方面具有普遍性,不同年龄、不同性别、不同阶层的人都是其中的参与群体;另一方面是信息来源具有普遍性,在社会政治、社会经济、社会文化等方面都能得到充分的展现。

2. 大众传媒具有一定的时效性和敏感性

当前社会已进入一个信息化社会,在这样的社会背景下,人们对大众传媒的要求越来越高,人们想要通过大众传媒及时获得反馈信息及各方面的新闻资讯,因此大众传媒呈现出一定的时效性和敏感性特点。但与信息化时代的现代传媒相比,大众传媒存在着一定的先天性缺陷。

3. 大众传媒具有公众教育性

如今教育方式越来越多样化,人们对教育方式的要求也越来越高,运用大众传播工具便是其中的一种。

(二)体育传播

体育传播属于信息传播的重要内容,它不仅具有信息传播的特点,同时自身也显现出鲜明的特色。

1. 全覆盖性

当前,电视、网络等媒体的传播越来越发达,这就为信息传播的跨空间提供了可能性。在信息化发展的今天,各种信息的全球共享逐步实现,受其影响,人与人之间的沟通与交流日益频繁和密切,地球逐渐成为"地球村"。

体育赛事的发展需要信息的传播,在大众传播媒介的作用下,体育赛事观赏者越来越多。通过发达的网络,不同国家、不同民族的人都能同时欣赏到高水平的体育赛事。所以说,体育传播具有全覆盖性的特点。

2. 全天候性

在传统的媒体中,播放时间受限是难以避免的,但是在现代网络信息时代,这一问题得到了有效的解决。通过网络直播技术,全世界各地的人们能够在同一时间观看各种体育赛事。随着时代的不断发展,出现了大量的新媒介,这极大地提升了体育传播的速度,方便了人们及时了解体育信息。这在以往是难以想象的一件事情。

3. 全景式特点

在传统的大众传媒下,人们基本上是通过文字和图片来获得各种体育信息的,但在新媒介出现后,通过各种网络信息技术的利用,人们能欣赏到各种音频和动态的画面,获得了良好的观看效果和愉悦的心理体验。可以说,体育竞赛的传播的全景式特点在传播的形式和内容上都有所体现。

二、体育传媒业的发展概况

目前,体育传媒的形式主要有体育类报刊、电视转播、体育网站等几种。体育传媒的出现不仅能传播体育信息,还能极大地丰富人们的精神文化生活,具有良好的社会效益。总的来看,目前我国的体育传媒业还是一个新兴的朝阳产业,具有较大的发展潜力。

近些年来,我国体育网站、体育报刊得到了迅速的发展,人们对体育新闻的市场需求越来越大。因此,不仅是专业体育媒体登载体育新闻,一些综合性报刊也加大了体育新闻的刊登版面。在大型体育赛事举办期间,为了满足广大体育爱好者的需求,大多数的体育传媒都通过专版、专题来报道体育赛事信息,分析赛事进展。

近些年来,越来越多的国外体育传媒巨头开始进入中国市场,这为我国体育传媒业的发展带来了挑战和机遇。关于国外体育传媒的进入,不同学者持有不同的看法。一部分学者认为国外体育传媒的介入对于我国体育传媒业的发展是有利的,这样我们可以借鉴发达国家体育传媒业的成功经验来推动我国体育传媒业的发展。而另一部分学者则认为发达国家体育传媒的强势介入会在一定程度上导致我国体育传媒人才的流失,对我国体育传媒业的发展构成较大的威胁。实际上,这两种观点都有一定的道理,需要我们以辩证的眼光看待。总之,为推动我国体育传媒产业的健康发展,我们应该抓住这一历史机遇,取长补短,努力推动我国体育传媒业的发展。

三、体育传媒业的运营策略

体育传媒业的运营,需要采取一定的策略。具体来说,可以从以下几个方面入手:

(一)构建法律保障体系,确保体育传媒业正常运转

为促进我国体育传媒业的进一步发展,必须要建立一个完善的法律体系。当前,我国的体育传媒业还存在不少问题,其中缺乏针对性的法规就是一个最大的问题。因此,依据我国体育传媒业的发展现状,参考国内外相关方面的法律法规,加强我国体育媒介方面的立法是一项亟须开展的工作。

(二)加强体育传媒业相关体制的改革

为推动我国体育传媒业的进一步发展,还要进一步完善体育管理体制和竞赛体制环境,吸引众多的观众参与到体育运动中。在进行重大赛事的播报时,要以市场需求为依据来适当调整赛事的传播形式,以吸引观众的目光,同时,还要吸引赞助商加入其中进行投资。

体育传媒业的运营讲究一定的方式和方法,选择的营销手段一定要合理和有效。在运用各种营销手段的过程中,工作人员能自觉地参与各种活动,提高工作的效率。体育信息的传播,内容是关键,传播的体育信息一定要真实和及时,能彰显新闻报道的价值。

体育传媒业要想获得健康快速的发展,需要时刻遵循体育运动的发展规律以及国际体育组织的有关规定,然后与时俱进地进行必要的改革,努力提升赛事报道的即时性和有效性,这样才能真正推动体育传媒业的健康发展。

(三)制定一个推动体育传媒人才发展的战略

与国外体育产业强国相比,我国体育传媒产业的发展水平还较为落后,其中一个重要的原因在于我国缺乏高素质的体育传媒人才,这直接导致了我国体育传媒业在激烈的国际竞争之中难以获得主动权。鉴于此,就要求一定以媒介全球化之所需为依据,制定一个科学的体育人才发展战略,全方位地培养体育传媒人才。

(四)遵循规律,满足多元化需求

为推动我国体育传媒业的进一步发展,还需要建立一个完善的体育媒介市场。建立一个和谐有序的体育媒介市场并不是一件容易的事情,工作人员一定要严格遵循市场经济发展的规律,参考和借鉴西方先进的发展经验,树立正确的市场营销观念,明确不同阶段的工作任务与重心,结合体育产业市场发展的实际开展各种工作或活动。

在报道各类体育赛事时,要针对不同观众的需求利用各种途径和手段进行传播,要不断提升报道画面质量,重点报道体育赛事关键信息,吸引大众的注意力。

第四节 体育广告业的发展与管理

一、体育广告的概念

在概念上,体育广告有广义和狭义之分。广义上来讲,体育广告是指企业对本企业的观念、产品和服务等展开介绍、宣传等活动。狭义上来讲,体育广告是管理者通过口头、文字、图画等方式对体育产品的服务或者销售进行的公开宣传。[①]

体育广告主要在体育产业活动中起到沟通桥梁的作用。目前体育广告已成为体育企业提升产品竞争力的重要手段,每年都有很多的体育企业花费大量的资金用在体育广告上。当然,一个优秀的体育广告也能为体育企业带来丰厚的回报。

二、体育广告业的发展现状

(一)当今体育媒体存在单一化的问题

调查发现,目前我国大部分商家在选择体育媒体时都比较盲目,致使所投入的广告缺乏目的性和针对性,难以获得理想的广告效果。据统计,在我国,电视转播在体育广告业中占据着较大的比重,而电视台垄断性较强,不利于体育广告的宣传。近年来,随着网络化的深入发展,互联网成为体育传播的一种重要手段,因此在网络上投放体育广告成为大势所趋。

(二)体育广告业的市场规模不大

经过多年来的发展,目前我国的体育广告业已具备了一定的发展水平,但与发达国家相比仍然存在着不小的差距,具体表现在产业规模较小,未形成一个独立的行业。而发达国家的体育广告业早已成为一个独立行业,是体育产业的重要内容。在今后,需要不断扩大体育广告的市场规模,力争获得更为快速的发展。

(三)大部分体育广告设计缺乏创新性

一个好的广告创意能激发人们购买的欲望和动力,一个极具创造力的广告能产生较大的影响力,从而推动体育产业的发展,

---

① 夏正清.体育产业经营管理[M].西安:西安地图出版社,2011.

因此提高体育广告的设计能力是非常重要的。总的来看,当前广告创意的主要表现形式为带有文字图像的广告商品。

总体来看,我国在体育广告的创意设计方面还是比较欠缺的,大部分的体育广告仅仅只是凸显体育产品,欠缺创意,难以引起人们的注意,更不用谈激发购买欲望了。因此,欠缺创意的广告是难以获得理想的广告效果的。

三、体育广告业的管理策略

(一)加强行业间的沟通与交流

为促进体育广告业的发展,加强体育企业间的沟通与交流是非常有必要的。实际上,在最初的活动中,体育广告单位都能与客户或目标保持密切的关系,但有的单位在签订完合同之后这种关系就不如以前密切,甚至很少有来往。这是一种非常不好的现象,非常不利于体育广告经营单位的长期发展。

体育广告经营单位与企业之间存在着正式沟通与非正式沟通两种形式。正式沟通通常情况下主要是针对比较重要的事件进行沟通;而非正式沟通则主要解决的是小范围内的事件。但不论是哪一种,都需要体育广告经营单位引起重视。只有如此才能实现共赢,获得共同发展。

(二)做好体育广告的危机公关

任何广告严格来说都存在着一定的风险,因此体育企业要树立必要的危机意识,注意风险的防范。在发生危机时,体育企业要做好危机公关,尽量消除体育广告所带来的负面效应。

首先,体育广告经营单位要加强体育活动的管理。一方面,在选择合作伙伴时,要选择那些社会形象较好、经济效益较好的企业,以避免出现资金纠纷问题;另一方面,体育广告经营单位应该监督企业利用体育媒介开展的营销活动,如果出现违规现象就要立即停止活动。

其次,企业要与体育广告经营单位保持密切的联系,要事先制定解决各种问题的对策。这样才能在问题发生时做出及时的反应与处理。

(三)预防各种埋伏营销

1. 埋伏营销的概念

埋伏营销是指某公司通过其他形式的广告与推广活动,直接减弱那些通过支付体育广告费用而获得的体育广告经营单位认同的官方广告主(或赞助商)的关系,从广告主(或赞助商)那里挖走部分观众的不正当营销行为。埋伏营销的企业在一定程度上能迷惑消费者,让消费者误以为他们就是某项体育赛事的广告主,但实际上他们并没有向体育广告经营单位支付任何费用,因此这一做法属于不正当竞争,体育广告企业要引起重视,以避免这些埋伏营销的企业给自己带来不必要的损失。

2. 埋伏营销的种类

(1)通过体育比赛本身展开埋伏营销。如组织与某项体育赛事相关的抽奖竞猜活动,消费者会误以为该企业属于本项赛事的赞助商。

(2)通过电视广告展开埋伏营销。如在体育赛事期间投放大量的与体育赛事有关的广告,让消费者误以为其是体育赛事的赞助商,进而从中牟取利益。

(3)通过赞助电视转播展开埋伏营销活动。在体育赛事举办期间,一些企业会通过赞助电视机构的途径与体育赛事构成一定的关系,不了解的观众会误以为该企业为体育赛事的赞助商。

(4)赞助运动队或者运动员。有一部分企业会私下接触运动员或运动队,对其进行一定的赞助,但他们并不向组织者支付任

第六章　发展辅助——体育产业外围层及相关层的经营与管理

何费用,这非常不利于正当竞争。

3. 埋伏营销的危害

埋伏营销之所以会屡禁不止,其主要原因在于通过这些营销活动能为他们带来丰厚的经济利益,但这会给正规的体育企业带来一定的经济损失,甚至还会造成一定的市场混乱,属于一种不正当竞争行为。

具体而言,埋伏营销的危害主要体现在以下两个方面。

(1)对体育广告经营单位的危害。

①会在一定程度上打乱体育广告经营单位的发展规划,导致其无法获得预期的经济效益。

②不利于体育广告经营单位的筹资,对体育活动的开展不利。

(2)对广告主(赞助商)的危害。

①混淆视听,迷惑广告主(赞助商)的目标受众,造成客户流失。

②造成广告主无法获得预期的利益,不利于双方之间今后的合作。

4. 埋伏营销的防治

(1)政府部门方面。国家工商局对广告用语做出了一定的规定,能帮助消费者清晰地识别体育企业与体育赛事之间的关系。另外,还制定了一些关于电视转播的相关文件和处罚措施。这些都对预防埋伏营销具有积极的作用。

(2)企业与赞助商方面。首先,要树立自身利益与广告主利益共生的指导思想,严厉打击埋伏营销;其次,事先制定防止埋伏营销的方案,加强与政府及媒体之间的沟通和联系;最后,监控体育广告活动的过程,配合有关部门打击埋伏营销。

(四)建立相关的法律制度体系

加强法律管理就是指广告管理机关依据有关法规对广告宣传和广告经营活动进行的引导与监督行为。随着现代社会的不断发展,广告管理必须要走上法制化的道路,建立一个健全的法律制度体系才能保证广告事业的健康发展。

1. 宣传方面的法律管理

广告宣传是指客户为达到某个目的而利用各种媒介向社会公开传递信息的一种行为。发展到现在,广告随处可见,充斥着人们的日常生活。广告主或赞助商在进行广告宣传的过程中一定要注意宣传内容的真实性和合法性,如果触犯法律就要承担相应的责任和惩罚。

2. 经营方面的法律管理

与国外相比,目前我国体育广告业的发展还很不完善,在各个方面都存在着不足。尤其是在法律方面还存在诸多问题,需要进一步加强管理。

(1)体育广告经营单位的广告计划要报其所在的省、自治区、直辖市的工商行政管理局及有关部门批准。而大型国际比赛的体育广告则要经国家工商行政管理局的批准才能投放。国家及地方部门要严格审查体育广告经营单位的体育广告,确保不出现问题。

(2)体育广告经营单位投放广告要讲究收支平衡的基本原则,要勤俭节约,不能随意加重企业的负担。

(3)体育广告经营单位要做好广告费的收支管理,做到专款专用,精准投放,一切广告投放活动都要严格按照国家制定的规章制度执行。

第五节 体育赞助业的发展与管理

一、体育赞助的概念与分类

(一)体育赞助的概念

体育赞助是指以体育为题材、以达成各自目标为目的、以支

第六章　发展辅助——体育产业外围层及相关层的经营与管理

持和回报为内容、以利益交换为形式的一种特殊的商业行为。[1]

针对不同的个体和组织,体育赞助的作用不同。如对于体育组织机构和教练员、运动员等个人而言,体育赞助主要是对体育无形资产进行开发;而对于体育企业而言,体育赞助则是一种有效的企业营销方式,能极大地提升企业形象,增强企业在国际、国内市场上的竞争力。体育赞助可以说是一种体育企业和赞助商的互利互惠的商业行为。

(二)体育赞助的分类

依据不同的分类标准可以将体育赞助分为以下几种:

1. 以赞助对象为依据

按照这一分类标准,可将体育赞助分为对赛事举办者的赞助、对体育组织的赞助、对体育场馆的赞助、对俱乐部的赞助等多种类型。

2. 以时间跨度为依据

按照这一分类标准,可以将体育赞助分为短期体育赞助和长期体育赞助两种类型。

3. 以体育运动性质为依据

(1)体育后备人才培养的赞助。

体育后备人才培养的赞助主要是对青少年运动队、少体校等进行赞助,这对于这些运动队或组织的发展是非常有利的。

(2)体育赛事赞助。

体育赛事赞助是当前体育赞助的主要内容。其原因在于体育赛事水平较高,观众多,具有极大的票房价值和社会影响力,往往能获得不错的赞助效果。

---

[1] 夏正清. 体育产业经营管理[M]. 西安:西安地图出版社,2011.

(3)公益性体育活动的赞助。

公益性体育活动的赞助与人们的日常有着密切的关系。随着现代社会的不断发展,群众体育的影响力不断提高,因此加强群众体育的公益性体育赞助非常有必要。

4. 以赞助内容为依据

(1)技术、服务赞助。

技术、服务赞助主要是指由赞助方提供体育活动所需的技术和服务。这一赞助形式通常出现在高水平体育赛事中。

(2)实物赞助。

由赞助方提供进行体育活动所需要的物质,就是所谓的实物赞助。实物赞助可以使产品与消费者进行零距离的接触,帮助消费者更好地了解产品的性能,因此对其赞助往往能取得理想的效果。

(3)现金赞助。

由赞助方提供体育活动所需要的资金,就是所谓的现金赞助。这一赞助形式有非常实用和直接的特点,在体育赞助中较为常用。

5. 以赞助商数目为依据

这一划分形式可以分为独家赞助和联合赞助两种。

(1)独家赞助。

独家赞助主要是指由一家企业独立赞助体育运动或赛事。独家赞助的赞助商通常具有较强的经济实力。

(2)联合赞助。

联合赞助是指由多个企业共同赞助体育运动。这种赞助方式能集中优势资源,利于体育俱乐部或体育组织的运营与管理,但也存在一定的缺点,那就是无法突出每一个企业的信息,所获得的宣传效果不如独家赞助大。

二、体育赞助业的发展概况

与国外相比,我国的体育赞助业还处于一个初级发展阶段,在各方面都存在不少问题。这主要体现在以下方面:

(一)体育资源相对匮乏

随着现代社会的不断发展,我国的体育赛事资源越来越多,但目前我国体育中介并没有进行深度开发。究其原因,主要是大部分的体育组织都认为体育赛事只是简单的比赛活动,而没有重视比赛的级别、举办地及比赛受众等方面要素。除此之外,其余赛事也欠缺商业包装,这不利于体育赛事赞助的进行。因此,要想引进良好的企业赞助,就需要分析与体育赛事有关的各种因素,从而挖掘出赛事商业包装的契合点进行有针对性的包装。

(二)缺乏完善的法制体系

目前,我国缺乏一个健全的体育赞助市场,体育企业的赞助活动通常会面临着一定的风险。例如,我国足球职业联赛中,"黑哨""假球"等现象不利于赞助企业获得效益,甚至还会影响自己的企业形象。这就无法保障赞助商的经济利益,从而对接下来的赞助产生不利的影响。但是,目前这方面的法律制度还比较欠缺,亟须解决。

(三)赞助商较少且质量不高

体育无形资产是体育资产的重要组成部分,其具有很强的渗透性,因此一些企业会利用这一优势来宣传自己的企业形象,其目的在于提升本企业的影响力。但是,目前将赞助体育活动看作是一项投资活动的往往只是很少的一部分企业,大多数企业都不重视。因此,这就要求不断开展各种体育市场营销活动,不断激发企业的体育赞助需求。总体上来看,目前我国体育赞助商数量较少并且质量参差不齐,需要今后大力发展。

三、体育赞助的运营程序

关于体育赞助的运营程序主要包括以下几个方面:

(一)根据现有条件设计体育赞助方案

要想吸引赞助商的目光,就必须制定一个详尽的体育赛事赞助方案。从具体的操作流程上来看,可以总结为以下七个方面:
(1)分析赞助的必要性;
(2)建立工作机构;
(3)收集并分析相关资料;
(4)拟定赞助目标;
(5)设计赞助"产品";
(6)制定赞助价格;
(7)选择合适的目标赞助商。

(二)就赞助合作事宜展开谈判

进行体育赞助的各方在初步达成意向后就要展开必要的谈判,这是一个非常重要的环节。这一环节主要包括以下几个方面的工作内容。

1. 选择合适的谈判场地

在进行谈判时,一定选择合适的场地并做好布置,因为一个良好的谈判环境将会对谈判的效率及效果产生至关重要的影响。因此,选择和布置合适的谈判场地尤为重要。具体来说,选择谈判场地具包括谈判地点和谈判会场两个方面。在选择谈判地点时,要选择在环境优美、交通便利的地方;选择谈判会场时,要注意人员座次的安排和环境的安排。

2. 人员的配备与分工

谈判人员的配备,主要以谈判的地点、时间、内容、赛事特征、人员素质等为主要依据。在谈判的过程中要严格遵循针对性、专业性和人尽其才的基本原则。

在进行谈判人员的分工时,需要重点考虑两个方面:一方面是要考虑相关人员的业务专长;另一方面是注意谈判角色的分工,具体分工要依据实际情况进行合理的调整。

配备好相关的谈判人员后,要尽快了解和熟悉谈判的主题、内容,并制定相应的谈判策略,然后组织人员进行讨论,共同商讨谈判的方案并进行修改,以保证谈判工作的顺利进行。

3. 议程安排

一般来说,谈判议程的安排主要包括谈判时间与地点、谈判的节奏与进度,这些都对谈判人员的心理造成一定的影响。对于具有一定经验的谈判者而言,他们通常能利用自己丰富的经验和知识来获取主动有利地位。需要注意的是,谈判议程可以根据实际情况进行及时的改变和调整。

4. 价格调整

价格的调整主要是调低价格和调高价格两种。其中,为了给予目标对象一定的优惠,力求尽快达成赞助协议,就很有可能调低价格,因此,调低价格的情况居多,很少有将价格调高的情况。需要强调的是,不管是哪一种,都一定要谨慎操作,否则就会对双方的合作产生一些不利的影响。

(三)签订协议与合同

通常情况下,会先根据策划书来签订意向性协议,并按双方要求,对策划书进行进一步的加工,再以加工后的策划书为依据来签订正式合同。

一般来说,赞助合同具有一定的买卖性质,必须要遵从相关规定制定规范的合同格式和内容。另外,还要以具体赞助与回报内容为依据来确定标的数量和质量,一切工作都要严格参照合同法的有关规定进行。

(四)实施体育赞助合同

体育赛事赞助的实施是一个非常重要的环节,这一环节的工作比较复杂,其中存在着不少利益关系。通常会有一些意外发生,因此要求实施者必须具备较强的业务能力。赞助活动的顺利开展是建立在一定的实施计划和组织工作基础之上的。这一部分内容主要包括以下几个方面:

1. 宣传

宣传主要是通过专访、有奖征答、秩序册、拍摄比赛资料等形式来向人们展示体育赛事的内容、规模以及参与者的基本情况等,除此之外,也可以对教练员、运动员、赞助商等方面进行宣传。

2. 回报落实

一般情况下,体育赞助的技术部门事先要制订一个科学合理的计划,该计划要一一落实各项内容,保证体育赞助活动的顺利进行。

3. 新闻工作与公共关系

(1)确定体育赞助的固定联系人,便于日后与其沟通和联系。
(2)帮助体育赞助者与新闻媒体建立必要的沟通与联系。
(3)安排体育赞助者与名人见面或参加各种活动。
(4)邀请体育赞助者主持体育赛事活动。
(5)参与体育赛事纪念品的发放。

(五)进行事后总结

当体育赛事赞助实施阶段结束后,就要展开必要的事后总结。总结经验和教训能为今后体育赞助活动的进行提供重要的资料和依据。一般来说,体育赞助活动总结阶段的工作主要涉及以下几个方面:
(1)撰写体育赛事赞助评估报告;
(2)建立本次体育赛事赞助活动的专项档案;
(3)召开总结大会;
(4)对活动的举办表示感谢。

第六节 体育经纪服务业的发展与管理

体育经纪业是体育产业的重要内容,随着现代竞技体育的不断发展,体育经纪业的地位也越来越重要。

一、职业运动员经纪业务管理

职业运动员的经纪业务主要包括转会经纪、参赛经纪和无形资产及商业开发经纪等几个部分。下面做重点研究与分析。

(一)职业运动员转会经纪

运动员的转会制度并不是从来就有的,而是随着体育职业化的发展而出现的。体育比赛在不断发展的过程中,日益增强的竞争性和商业性要求运动员形成一定的流动机制,体育经纪人就在这样的形势下应运而生了。职业运动员转会经纪是受运动员或俱乐部委托,为运动员在不同国家协会间或同一国家的不同俱乐部间转会提供居间和代理服务的商业行为。

在竞技体育发展的过程中,职业运动员的转会备受瞩目。运动员每一次转会的形成都是体育经纪人与俱乐部等多方面沟通的结果。职业运动员的转会增强了体育市场的活力,对于提高联赛水平是非常有帮助的。如西甲豪门皇家马德里队和巴塞罗那队在转会市场上的表现通常会引起全世界球迷的瞩目,有着较大的影响力。

(二)职业运动员参赛经纪

运动员参赛经纪是指经纪人受运动员的委托,有选择性地安排运动员参加体育比赛或表演,并帮助运动员获得一定经济收益的一种代理活动。发展至今,众多的职业运动员都拥有自己的经纪人,帮助自己安排参赛行程,这样能便于自己参加运动训练和比赛,从而获得优异的比赛成绩。

在田径、网球、拳击等项目上常常会看到运动员参赛经纪。因为这些项目运动员的收入来源主要是参加商业性比赛,从这些比赛中获得收入。运动员之所以能够从中获得丰厚的回报,经纪人在其中扮演着十分重要的角色。

(三)职业运动员无形资产及商业开发经纪

运动员无形资产及商业开发经纪是经纪人受运动员委托,代理运动员开发其名义、肖像权等无形资产的经营活动。无形资产也是体育俱乐部的重要财产。通常来说,运动员的名义、肖像权等不具备实物形态,但同样具有重要的经济价值。经纪人通过中介活动拉到企业赞助,企业凭借运动员的公众形象推广自己的产品,运动员也能从中获得一定的回报。发展至今,职业运动员的收入并不仅仅局限于赛场内的收入,场外收入也是非常重要的一部分。以我国篮球运动员姚明为例,其收入构成见表6-1、表6-2。

第六章　发展辅助——体育产业外围层及相关层的经营与管理

表6-1　姚明加盟NBA后收入情况[①]

年份	工资收入(人民币/元)	总收入(人民币/万元)	百分比(%)
2003	20284096	12000	16.9
2004	29576274	15000	19.7
2005	29518552	17000	17.4
2006	37206124.9	26000	14.3
2007	82825750	38780	21.4
2008	91522453.75	35777	25.6
2009	100219157.5	25530	39.3

表6-2　姚明加盟NBA后的代言(部分)[②]

年份	代言品牌
2002	索伦特科技、UPPERDECK球星卡
2003	锐步、苹果电脑、百事可乐、搜狐、中国联通、佳得乐等
2004	豪雅表、麦当劳
2005	任我游GPS
2007	中国人寿、可口可乐等
2008	T-mobile
2009	汤臣倍健

二、体育赛事经纪管理

体育赛事经纪管理属于体育经纪服务业的重要组成部分,这里主要研究的是商业性体育赛事。实际上,商业性体育比赛并不列入有关体育组织的竞赛计划,而是由体育经纪人创造并进行管理的赛事。随着体育赛事的不断增多,商业性比赛也越来越多,

---

① 靳英华.体育经济学[M].北京:高等教育出版社,2011.
② 同上。

这无疑提高了赛事的影响力,促进了当地经济的发展。近些年来,社会上出现了大量的优秀的体育经纪人及经纪公司,他们为运动员提供了各种便利的服务。一般来说,体育经纪人所获得的经济效益主要取决于比赛成本投入与收入的比率。投入的成本主要包括赛事举办费、新闻发布会费用、宣传画和纪念册的制作、运动员出场费、赛事组织费用等各项内容。[①] 而收入部分主要包括门票、体育赛事有形产品的销售、体育赛事转播收入等。

三、其他体育经纪服务的运作管理

(一)运动队的包装和代理

体育经纪人在接受运动队的委托之后,依靠自己的资源和关系与意向赞助商取得联系,然后通过竞争获得赛事的冠名权,在取得冠名权后,要求运动队以赞助商的名义参加比赛,或者在参赛服上印有赞助商的名称。通过这一操作,赞助商提高了自身的影响力,而运动队也获得了额外的经济收入,二者实现了合作共赢。但需要注意的是,当运动队出现更名易帜、资产重组等问题时,体育经纪人或经纪公司可以为其出谋划策,帮助其回到正常轨道。

(二)体育组织的代理

随着现代体育赛事的不断发展,大量的体育组织开始认识到组织形象的重要性,纷纷聘请体育经纪公司来帮助本组织参与组织的运营与管理。一般来说,体育经纪公司可以为体育组织提供商业开发等方面的服务,如代理日常事务,提供法律咨询等,通过体育经纪公司的参与,大量的体育俱乐部或体育组织获得了快速的发展。

---

① 王宽. 体育经纪服务业运行管理研究[J]. 经济研究导刊,2017(14).

(三)公司企业的代理

随着竞技体育的不断发展,社会上出现了大量的体育俱乐部或体育组织。他们要想获得健康的发展,就必须要具备专业知识与经验,但这又是他们所欠缺的,因此聘请专业的体育经纪人或经纪公司来帮助自己运营与管理是一个重要的手段。体育经纪公司可以帮助本俱乐部或组织进行市场调查,制订相关的体育赞助计划,寻找体育组织的合伙人等。通过体育经纪服务,体育俱乐部或体育组织的各项活动都能有条不紊地进行,推动了体育俱乐部及体育产业市场的健康发展。

第七章 发展主流——竞技体育产业与休闲体育产业市场的建设与发展

发展到现在,体育产业市场规模越来越大,内容也越来越丰富,这不仅满足了广大消费者的体育需求,更是促进了国民经济的发展。由此可见,加强体育产业市场的管理与发展是非常重要的。竞技体育产业与休闲体育产业是当今体育产业市场的重要组成部分,这两个产业市场的发展对于体育产业市场的完善具有至关重要的作用。因此,本章就重点研究与探讨竞技体育产业与休闲体育产业市场的建设与发展情况。

第一节 竞技体育产业市场的建设与发展

一、竞技体育产业的概念

竞技体育产业是体育运动发展到一定阶段的产物,它与体育赛事、体育服务之间有着极为密切的关系。发展到现在,发达国家的竞技体育产业已到了一个高度发展的阶段,我国的竞技体育产业则处于一个相对落后的局面,要想实现竞技体育产业的价值就要不断加强竞技体育产业市场的发展。

关于竞技体育产业的概念,不同学者和专家都有自己不同的见解。

学者张庆春、马国义通过对竞技体育产业的研究,认为竞技体育产业实际上就是以俱乐部为实体,以运动员的竞技表演为商品,为追求产品最大的经济利益而形成的一个经营与管理体系。

竞技体育产业系统非常复杂,系统内包括诸多元素,每一个要素都非常重要,缺一不可。基于此,学者辛利、郑立志等认为,竞技体育产业是一个复杂的系统工程,其构成要素主要有竞技体育项目、竞技体育项目基地、竞技体育俱乐部、消费者等。

二、我国竞技体育产业发展现状

为推动竞技体育产业的发展,近些年来我国政府及相关部门制定了一些有利于体育产业发展的政策与文件,为我国竞技体育产业市场的建立与形成奠定了良好的基础。但需要注意的是,受各方面因素的制约和影响,当前我国竞技体育产业仍然存在不少问题。具体表现在以下几个方面:

(一)产业结构欠缺合理

竞技体育产业的内容有很多,其核心是体育竞赛业。但与国外体育产业发达国家相比,我国竞技体育产业发展时间较短,其发展还处于一个较低的层次。另外,我国竞技体育产业中的绝大部分都是体育用品制造业,欠缺其他产业结构,这一发展结构是不合理的。因此,我国竞技体育产业的发展需要制定一个合理的目标,在今后的发展中,要不断转变经济发展方式、提高经济结构合理性、重点发展服务业的第三产业经济,这才是一个科学、合理的体育产业结构。

(二)区域发展不平衡

很长一段时间以来,我国存在着区域经济发展不平衡的现象,体育产业的发展也是如此。竞技体育产业的发展如何在很大程度上取决于各个地区的经济发展状况。以竞技体育用品业为例,我国竞技体育用品制造业主要集中在东南沿海一带,大部分竞技体育用品生产公司大都分布于此。但是大部分的大型竞技体育赛事通常会优先选择北京、上海、广州等大型城市,存在着严重的区域发展不平衡现象。

(三)行业垄断壁垒较多

当前,我国竞技体育产业的行业垄断壁垒较多,如市场化程度不高、市场机制运行不畅通、存在地方保护等,这些对于我国竞技体育产业的发展都是十分不利的。这就要求我国政府部门及相关机构要使用行政措施来分割与垄断项目市场,逐步打破不合理的行业壁垒。

(四)存在严重的信任危机

与国外体育产业发达国家相比,我国竞技体育产业市场还很不完善,这突出表现在缺乏有影响力的体育产品品牌。整个竞技体育产业市场的发展活力不足,难以吸引消费者参与其中进行消费,存在着严重的信任危机。

1. 竞技体育制度缺乏稳定性

当前我国体育竞技处在转型发展阶段,缺乏健全和完善的法律法规,为促进竞技体育产业的发展,我国政府及体育部门要联合起来制定和完善相关制度,确保制度的有效性和可执行性。以我国职业足球为例,我国职业足球的发展历史颇为坎坷,在发展的过程中曾经走过许多弯路,围绕着赛事的赛制、裁判、转会等问题做过诸多调整,为了给国家队比赛让路,联赛曾经被肢解,升降级制度在某些年份也被取消,这对于我国职业足球的发展都产生了不良影响。

以上问题都反映出我国竞技体育制度还有待于进一步完善,在制定相关制度后,还要强化制度的长期性与稳定性。制度的稳定性可以说是直接制约制度发挥构建信任功能的重要要素。当前我国体育竞技制度缺乏必要的稳定性,亟须进一步规范。

第七章　发展主流——竞技体育产业与休闲体育产业市场的建设与发展

2. 产权制度权责不明晰

在竞技体育产业发展的过程中,存在着不少问题,其中产权制度权责不明晰就是一个重要的问题,这一问题在很长的时间里都没有得到很好的解决。例如,体育企业耗费大量的资源经营与管理体育企业,其主要目的在于获得丰厚的经济利益,但受政府的干预,体育企业并不能获得所有的利润,其中一部分要与政府部门共享。这种情况非常不利于体育产权主体积极主动地去寻求创新与发展,导致他们无法长期保持一种和谐稳定的姿态去发展,这对于维护自己的形象也是十分不利的。总之,产权制度权责不明晰是制约我国竞技体育产业发展的重要因素,需要引起重视。

3. 政府过分管制,且管制效率较低

一个企业要想获得健康、持续的发展,其根本在于讲究信誉,重视合同,履行契约,但是当前我国的竞技体育发展水平还不高,还存在着较大的缺陷,所以需要政府的介入来保障竞技体育产业的发展。受传统观念等因素的制约和影响,政府在体育产业中所起到的管制作用不是很合理,有时候会出现违背市场规律的情况。在当前我国竞技体育发展的背景下,政府管制在其中还起着重要的作用,但无法解决竞技体育产业市场中存在的各种问题,有时候政府的过度干预还会在一定程度上破坏体育企业发展的主动性,因此加强政府行为的规范化,逐步放开对体育企业的限制与管制,对于我国竞技体育产业的发展而言具有重要的意义。

三、我国竞技体育产业发展策略

(一)加强竞技体育产业的环境建设

1. 克服有效需求不足的障碍

很长一段时间以来,我国竞技体育产业始终存在着潜在需求和有效需求不足的情况,其中有很多项目存在着吸引力不足的情况,现场观看比赛的观众非常少,在这样的情况下,开展引导性消费需求工作比较困难。因此,政府相关部门不仅要制定有利于体育产业发展的政策,还要积极引导人们转变思想观念,促使越来越多的人参与体育运动锻炼,使其成为竞技体育产业市场的重要一分子。这对于我国竞技体育产业的长远发展有着重要的影响和意义。

为促进我国竞技体育产业的发展就要逐渐消除环境障碍,创造良好的发展环境。近年来,中国旅游产业的发展形势很好,人们的休闲消费需求逐渐提高。这为竞技体育产业的发展创造了良好的机遇。

2. 规范竞技体育主体、体育行业组织的行为

竞技体育组织的主体要做到诚信经营、依法纳税,要清楚地认识到自己所承担的责任与义务,同时还要具备良好的职业道德,与运动员之间保持和谐的关系,在提高运动员运动水平的同时还要对其进行必要的道德素质教育。发展到现在,竞技体育相关的组织和团体越来越多,这些组织和团体有很大一部分属于非营利性的社会团体。在竞技体育产业发展的过程中,这些组织和团队也发挥着不可磨灭的作用,因此一定要引起高度重视。在俱乐部经营与管理的过程中,要遵循和服从协会组织所制定的各种政策或文件,当俱乐部之间发生各种摩擦或问题时,协会组织要有能力及时妥善地处理。此外,各项运动协会还要积极开展各项工作,努力提升比赛的观赏性,以吸引更多的观众加入其中,从而为本项目的发展创造良好的群众基础。

大量的实践表明,竞技体育的协会组织在竞技体育产业发展的过程中扮演着越来越重要的角色。各协会组织要本着公平公正的原则对政府、俱乐部、运动员及广大的赛事参与者负责。各地方政府要与各协会组织保持密切的联系,充分利用各种制度来维持和规范竞技体育产业市场的发展。例如,当运动员参加体育

第七章　发展主流——竞技体育产业与休闲体育产业市场的建设与发展

赛事发生冲突时,协会组织就要从中进行协调,处理好各种冲突事件。各协会组织要不断完善自身体系,这样才能在体育产业市场出现问题时及时妥善地处理好,从而促进我国竞技体育产业的健康发展。

3. 针对相关行业和配套条件中的薄弱环节,及时进行弥补

当前我国竞技体育产业的发展面临着诸多困难,除了本领域存在一些障碍外,城市基础设施建设、城市交通建设等也是制约其发展的重要因素。这些方面的因素都对消费者的需求形成了一定的阻力。在今后的发展中,要逐步克服这些障碍,采取有针对性的措施和手段优先解决重点问题。

此外,目前我国竞技体育产业的投融资机制方式较为单一。除了足球之外,绝大部分竞技体育项目依旧受到长期的"冷落",基础设施和配套设施建设都不完善。因此,地区政府要积极采取各种政策和措施,加大资金投入用于改善与竞技体育赛事有关的基础设施和配套条件。

以体育场馆的运作为例,除了体育企业自身采取必要的发展措施外,政府还可以采取类似物业税的方法为投资主体缓解租金压力。政府要给予体育企业必要的政策支持,为其提供优惠条件,可以动用一部分财政和公共资源支持竞技体育产业的发展。

4. 鼓励、吸引更多的民间资金、民营资本进入

竞技体育产业属于一个庞大的体系,这一体系包含的要素非常多,在发展的过程中,要以整体的眼光看问题,要积极发展民间资本,充分利用各种社会力量,通过项目竞标、资产多元化发展等途径,为我国竞技体育产业营造一个良好的发展空间。在各地方体育产业发展的过程中,要加强与其他省市或国外公司的交流与合作,共享竞技体育资源,促进体育信息传播和利益共享。除此之外,政府也要努力发挥自身的作用,投入必要的物力与财力,加

强城市基础设施和体育基础设施建设,为我国竞技体育产业的发展创造良好的外部环境,这样才有利于我国竞技体育产业的健康、长远发展。

(二)培育竞技体育市场

1. 重点培育竞技体育市场

根据竞技体育产业发展的历史规律来看,通常情况下只有一到两个运动项目具备高超的发展水平,这主要是社会文化、人文习惯等环境因素造成的,同时也与社会资源的有效配置有着密切的关系。在竞技体育的有效需求尚未发展到一定规模时,竞赛项目较多,发展难以兼顾,竞技体育的专业化和规模化的发展比较有限。在这方面,体育市场向全社会打开,城市政府主管部门要把握好机遇,将社会资源和有限的财政资源集聚在一两个竞技项目上,打造出精品赛事,这样才能很好地带动其他体育产业的发展。

2. 构建竞技体育与主要行业的商务合作平台

当前,我国竞技体育市场已经初具规模,在社会上形成了一定的影响力,各种各样的体育产品和服务激起了人民群众的体育消费欲望。另外,体育赛事的推广与各种工作需要各种与服务有关的厂商,这样就会吸引体育媒体、广告公司和经纪公司等前来展开交流与合作。为此,体育俱乐部以及各协会组织要针对具体实际构建一个完善的信息交流平台,利用互联网等各种途径和手段打通交流与沟通的渠道,实现共同发展。

3. 完善竞技体育市场的规则与制度

竞技体育市场具有多种多样的功能,要想充分发挥这些功能,就要做好各个方面的工作,如制定各种有利于体育产业市场发展的政策,努力实现体育产业市场的需求与供给平衡等,这些

第七章 发展主流——竞技体育产业与休闲体育产业市场的建设与发展

都对我国竞技体育产业的发展具有重要的意义。如今,体育赛事越来越频繁,在举办体育赛事时,需要制定合理的竞赛制度上,确定好参赛队伍的数量,制定竞赛规程,以为运动员、裁判员及观众提供参与赛事活动的方便;还要加强体育媒体的报道,媒体报道不能有偏差;体育产业各方面的利益分配要合乎业内规范,同时还要不断加强交流与合作,充分激发体育产业市场的活力。

(三)提升竞技体育市场潜在的商业价值

1. 鼓励和引导投资经营行为

目前,我国竞技体育产业的专业化经营和规模化发展相对缓慢,投资者的投资欲望不是很大,因此,政府部门要引导投资者和经营者冷静思考,慎重决策。在具体的操作过程中,要采取各种手段与措施帮助企业投资人发展各种业务,引导其正确的投资行为。体育运动的高度发展为我国竞技体育产业的发展奠定了良好的基础,投资者要看到这一历史机遇,加大对体育产业的投资,从而获得可观的投资回报。

2. 整合竞技体育与相关行业的资源

我国竞技体育产业市场正在逐步完善与发展的道路上稳步前行。总体来看,目前我国的竞技体育产业的有效需求均量不大,市场需求处于一个比较稳定的局面。因此,各竞技体育项目的产业化发展不能一概而论,其发展要有一定的针对性,要优先发展某些竞技体育产业,加强与该竞技体育产业有关的中介服务的发展。因此,这就需要加强竞技体育与相关行业资源的整合与发展。但需要注意的是,其发展要遵循市场经济发展的规律和原则,不能贸然增长。如球迷观看中超联赛的途径有很多,既可以通过电视观看又可以通过网络直播观看。在这样的情况下,体育赛事所带来的商业价值就被电视转播、网络门户网站等瓜分了,导致各方难以获得预期的经营收益。

因此,在今后的发展过程中,经营者要努力整合竞技体育产业资源并根据竞技体育市场与产业的发展过程,积极引导更多的企业进入体育产业市场领域,共同合作,共谋发展。

3. 加快国内外市场的联系与企业间的合作

当今世界,各个国家或地区要想得到健康快速的发展,就需要加强与其他国家或地区之间的联系,全球一体化已成为如今一个重要的趋势。受历史传统、地域、经济等各方面因素的影响,世界上各个国家在竞技体育资源、体育需求、赛事传播等方面都存在着一定的差异。因此为推动竞技体育产业市场的发展,就需要不断整合和利用各种资源,促进竞技体育产业在全球范围内的发展。

我国政府部门可以制定一些优惠政策,鼓励外企进入国内市场,加强国内外体育企业的交流与合作,以市场、信息、产权换来资源,努力提高自身经营收入水平。发展至今,我国竞技体育的商业价值没有被完全开发出来,这就亟须加速我国竞技体育产业的发展并与国际接轨,逐步缩小与国外竞技体育发达国家的差距。

第二节　休闲体育产业市场的建设与发展

一、休闲体育产业的概念与内涵

休闲体育产业是指为了满足人们的体育需求而提供各种体育物品、体育服务和体育设施的一个组织集合体。[1] 随着时间的不断推移,休闲体育产业的概念与内涵也越来越丰富。总体而言,休闲体育产业的内涵突出体现在以下方面:

(1)休闲体育产业主要有两类产品,即休闲体育用品和休闲体育服务;

---

[1] 杨铁黎,苏义民. 休闲体育产业概论[M]. 北京:高等教育出版社,2011.

第七章　发展主流——竞技体育产业与休闲体育产业市场的建设与发展

（2）生产休闲体育产品的主要目的是满足人们的休闲体育消费，这一指向性非常明确；

（3）人们通过支付金币，购买休闲体育产品的过程就是休闲体育消费；

（4）体育运动是对休闲体育产品进行生产和提供的基本方式和手段。

二、休闲体育产业的特征

通过很长一段时间的发展，休闲体育已成为人们生活中重要的组成部分，逐渐形成了一项体育文化产业。其特征主要表现在以下几个方面：

（一）休闲需求特征

1. 时间性特征

（1）人们的休闲需求具有一定的周期性特点，这是由人们的休闲时间决定的。通常情况下，人们只有在工作和学习之余，如节假日、周六日等余暇时间参加各种休闲活动，在这些休闲时间里参加体育消费活动被称为"假日经济"现象。"假日经济"的出现在一定程度上促进了经济增长，也在一定程度上促进了人们消费观念的转变，人们的消费方式越来越多元化和个性化，这为休闲体育产业的发展奠定了良好的基础。

（2）在消费时间上，人们没有自主选择的能力，这主要是由我国的休息制度决定的，人们参加各种各样的休闲活动主要集中于节假日期间。

（3）受传统观念以及社会经济发展的影响，目前我国的休闲供给相对单一，需求也是如此，在假日经济中，旅游活动占据绝对地位。

2. 时尚性特征

时尚成为当今社会的一个重要标志,时尚在一定程度上反映了人们的消费水平和社会进步,同时还反映了消费者的心理需求和消费欲望。而休闲需求就是在这样的背景下产生的,人们参加的休闲体育活动也具有一定的时尚性特征。

3. 个性化特征

休闲体育产业的个性化特征主要表现在以下两个方面:

(1)休闲消费能满足人们不同的欲望和需求,受个体因素的影响,人们的休闲需求和欲望都是不同的,体现出明显的个体性和异质性特征。

(2)要想吸引消费者参与体育消费,休闲体育产品、服务必须要有一定的个性,能极大地满足人们的心理需求。尤其是在人的个性释放的今天,体育企业一定要生产富有创新性的体育产品,从而占据市场发展的主动权。

4. 层次性特征

休闲需求对于每个人来说都是非常需要的,在物质生活水平较为低下的年代,人们的休闲需求不是很紧迫,而随着人们经济收入的提高,生活水平的不断改善,人们对休闲的需求开始越来越重视。此外,消费者在个性、素质、经济条件等方面都存在着一定的差距。因此人们的休闲需求呈现出明显的层次性特征。

在休闲体育产业发展的过程中,体育企业一定要把握好消费者的消费行为和特征,要充分满足他们的休闲需求,努力将人们的潜在需求转化为现实需求,这样才能促进休闲体育产业的进一步发展。总体而言,人的休闲体育需求主要由活动需求、环境需求、体验需求、收获需求和满意需求等几个方面构成,其中满意需求是终极目标,体育企业一定要注意人们这方面的需求,努力设计出能满足人们各种需求的产品或服务。

第七章 发展主流——竞技体育产业与休闲体育产业市场的建设与发展

(二)消费者特征

1. 年龄

对于不同年龄阶段的人而言,他们通常会表现出一定的消费特征。

(1)对于不同年龄段的消费者而言,他们有着不同的休闲追求。一般来说青年人活泼好动,喜欢刺激的事物,因此运动强度大、惊险刺激的运动就受到他们的青睐,如各种球类运动、轮滑、蹦极等;而中老年人身体机能有所下降,他们倾向于选择那些运动强度较小的运动,如台球、太极拳、健美操等运动。

(2)对于同一个消费者而言,他们在不同年龄段表现出不同的消费特征。我们可以将消费者参与休闲体育消费分为三个阶段,即少年、壮年和老年。一般情况下,消费者在步入壮年阶段后通常会有不错的经济收入,能将其中的一部分用于体育消费。这一群体是休闲体育消费的重要群体。

2. 性别

性别也是影响人们参与休闲体育消费的重要因素。一方面男性在力量、体力等身体素质方面要普遍优于女性,因此其更倾向于激烈、刺激性强的消费项目;另一方面男性与女性在职业及收入等方面也存在着一定的差异。总体上来看,男性的平均水平要普遍好于女性,这一点需要逐步改善。

3. 文化程度

大量的实践表明,人的文化素养会对休闲体育消费产生重大的影响。文化水平低的人,通常难以认识与了解休闲体育的产业规范,这需要管理人员给予其必要的引导。

4. 职业

一般情况下,一个人的职业在一定程度上决定了其收入水平、工作量的大小以及闲暇时间等。工作量大的人通常倾向于选择轻松愉悦的体育项目,而脑力劳动者比体力劳动者有更多的娱乐兴趣。

5. 健康状况

经常参加休闲体育活动,人们能很好地提升自己的身心素质,获得全面发展。但需要注意的是,各种休闲体育项目具有一定的运动强度,也会消耗人体的能量和精力。对于不同身体素质的消费者而言要结合自身体质情况合理选择适合自己的休闲体育项目。中青年群体可以选择运动量和运动强度较大的运动项目,而老年人或体质较弱群体则适合参加那些运动强度较小的运动。

(三)产品经济特征

1. 生产与消费的不可分性

生产与消费的不可分性是休闲体育产品经济的一个重要特征,通常情况下,休闲体育产品都是一边生产,一边消费,生产环节与消费环节在时间和空间上保持同一性,这样才能实现体育商品的经济价值。

2. 休闲体育产品生产要素的供给弹性的特殊性

休闲体育产品生产要素的供给弹性是指其价格变动对供给量变动的影响程度。

(1)劳动力的供给弹性系数小于1。

健身教练、各类运动项目的指导员等都属于休闲体育中的劳动力,他们的存在对于休闲体育产业的发展具有重要的意义。一般来说,这些劳动力必须要具备扎实的专业知识,掌握出色的运动技能,劳动力的素质越高,其价格也就越高。但需要注意的是,无论劳动力的价格如何上升,供给量却不能相应地增加。这就需要体育企业加强体育人才的挖掘与培养,为休闲体育产业市场提供充足的劳动力。

(2)娱乐场馆场所的供给弹性系数小于1。

运动馆、健身房等都是现今重要的娱乐场所,这一类要素的生产周期长,技术含量高,其价格发生变化后,调整生产、增加供给的难度大,因此其供给弹性小于1,这意味着其供给变动的幅度比价格变动幅度小。故应注意这些场馆设施的统筹规划,合理布局,充分利用。

(3)一般运动器材的供给弹性系数大于1。

球类、运动服饰、健身器材等是休闲体育运动常见的运动器材和设备,这一类要素的生产周期短、技术含量相对较低。从生产的技术和管理的角度讲,当这些要素的价格变化后,调整生产的难度较小,其产量可以以高于价格变化的速度变动。因此,一般运动器材的供给弹性系数是大于1的。

3. 休闲体育产品生产要素的替代弹性较大

一般来说,在当今休闲体育产业体系中,大部分的产品都有一定的替代性,可替代弹性较大,因此当一种产品或服务的价格发生变化后,如果不根据实际情况进行调整,会有另一种产品来替代,这一现象是非常常见的。例如,如果健身俱乐部中的健身器材费用比较昂贵,人们可以选择参加跑步、散步、打太极拳等其他运动,这一特征充分表明,如果一些体育产品的价格过高,消费者就会转而寻找其他的替代品。

4. 休闲体育产品具有最终产品的性质

休闲体育产品的内容非常丰富,其中大部分的产品都有一定的消耗性特点,其价值主要是由活劳动的消耗构成的。人们购买休闲体育产品的主要目的在于满足自己参与体育运动,丰富精神文化生活的需要,因此说最终产品性是休闲体育产品的一个重要性质。

三、休闲体育产业的功能

作为一种新兴产业和朝阳产业,休闲体育产业主要有健身、文化、经济等几个方面的功能。

(一)健身功能

发展至今,休闲体育运动项目越来越多,人们在余暇时间都倾向于参加各种各样的休闲体育运动。大量的实践表明,经常参加休闲体育运动能有效增强人体体质,促进人的身心健康发展。随着年龄的不断增长,人体各个器官会出现一定的老化现象,身体机能会逐渐变弱,这是生理发展的基本规律。但是通过参加各种形式的体育运动,能在一定程度上缓解这些症状。如相关调查发现,经常参加跑步的人,其发病率比不参加运动锻炼的人要低很多,心肺功能也更好。由此可见,休闲体育运动具有明显的健身功能。

在现代社会背景下,科学技术在给人们带来便利的同时也带来了诸多的"职业病"和"文明病",这严重影响到人们的身心健康发展。随着人们健康意识的觉醒,人们在平时的休闲时间都倾向于参与各种形式的体育锻炼。这对于人们体质的增强和心理的完善具有重要的意义,目前休闲体育已成为人们一种重要的生活方式。"终身体育"的理念日益深入人心,人们对身心健康发展越来越重视,这为休闲体育产业的发展创造了良好的条件和机遇。"终身体育"理念之所以能在广大的人民群众中引起强烈的反响,其中一个重要的原因就在于,这一理念与人们的身心健康之间有着密不可分的关系,它是指导人们参与身体锻炼的重要理论基础,它不仅能促使人们积极参与体育运动锻炼,使人们产生强烈的体育健身欲望,还能吸引世界上绝大部分人群参与休闲体育运动。由此可见,大力发展休闲体育,促进休闲体育产业市场的建设对于我国社会的发展具有重要的意义。

第七章　发展主流——竞技体育产业与休闲体育产业市场的建设与发展

总之,经常参加休闲体育运动,人们的身心素质都能获得发展和提高。一般来说,休闲的功能主要表现几个方面:第一,消除肌体疲劳,增强体质;第二,缓解心理压力,提升心理素质;第三,促使参与者获得满足感和成就感;第四,增强人与人交往的能力,提高人们的社会适应性。除此以外,休闲体育活动还具有其他项目难以媲美的价值与功能,如休闲体育对运动场地及设备的要求不高,对运动技术水平也没有硬性规定,因此休闲体育活动适合绝大部分人参与。人们在参加休闲体育活动的过程中,在共同娱乐的过程中能获得身心健康发展。

(二)文化功能

1. 促进观念的改变

休闲体育具有重要的休闲、娱乐、健身等价值,经常参加休闲体育运动锻炼能有效提高人们的生活质量,同时还有利于改变人们的文化观念,引导人们建立正确的体育意识,养成合理的休闲体育消费行为,这对于体育经济的发展具有重要的推动作用。

通过休闲体育本身所彰显的价值,可以发现休闲体育产业也同样具有重要的健身、娱乐、休闲、教育、艺术等价值。正因如此,休闲体育才日益受到人们的重视和青睐。通常来说,参与各种休闲体育活动的人都具有相同或相似的体育文化价值观,在这一价值观的引领下,他们通常会产生参与休闲体育活动的认同感,在各方面达成共识,长此以往,人们对休闲体育的认识就更加深刻,这对于休闲体育产业市场的建设与发展具有深远的影响和意义。

2. 丰富人们的生活

发展到现在,人类社会进入高度发展的阶段,人们享受着社会发展带来的物质文明与精神文明。社会文化的内容异常丰富,体育作为一种重要的文化现象,在人们的日常生活中扮演着越来越重要的角色,休闲体育也是如此。通过参加各种各样的休闲体育活动,人们的身心能够得到极大的满足,人们在参与休闲体育活动的过程中,在休闲体育消费的过程中能获得自身的完善与发展。

休闲体育产业可以为人们提供丰富多彩的活动内容,能满足人们的个性化需求。除此之外,休闲体育能够促进人的精神素养的提高,使人的文化知识不断增长,审美意识不断增强,促进人的整体素质得到全面提高。在休闲时间参加体育活动,不仅能丰富人们的业余文化生活,对于社会主义和谐社会的构建也具有重要的作用。

(三)经济功能

1. 提供就业机会

大量的事实表明,休闲体育产业市场的发展能为人们提供各种就业岗位,在一定程度上解决就业难的问题。当前,我国不论是即将毕业的大学生还是一般群众普遍存在着就业难的问题,这非常不利于我国和谐社会的构建。而解决就业难等问题对于维护社会稳定,促进民族团结,促进社会主义现代化建设具有重要的意义。休闲体育产业作为一个综合性产业部门,能满足不同类型劳动者的需求,为人们提供众多的就业岗位,能有效缓解人们的就业压力。

2. 刺激健康消费

休闲体育的内容非常丰富,人们通过参加各种形式的休闲体育活动能满足自身健身与娱乐的需求,促进自身的全面发展。发展到现在,休闲体育已融入人们日常生活的各个方面,成为人们一种重要的生活方式。这为休闲体育产业市场的发展与完善创造了良好的机遇和条件,休闲体育产业部门要规范发展,刺激和引导人们参与健康的体育消费,从而促进我国体育产业市场的健康发展。

经过很长一段时间的发展,人们已经积累了较强的消费能力,而且闲暇时间也越来越多。人们参与休闲体育消费有了时间和金钱的保障,消费空间大大增加,这为我国休闲体育产业市场的建设与发展奠定了良好的基础。

随着全球一体化的进行,人们的消费观念与生活方式发生了相应的变化,这也导致了消费需求发生变化。在基本的生存需求得到满足的情况下,人们开始转向精神层面的需求。发展到现在,人们体育消费的观念发生了重要的转变,对体育促进身心健康的认识越来越深刻,余暇时间参与体育运动锻炼已成为一种社会常态。在这样的形势和背景下,休闲体育产业有着广阔的发展前景,休闲体育产业的发展也能带动我国其他体育产业的发展,从而为国民经济的增长贡献力量。

任何事物的前进与发展都需要讲究一定的方法和策略,不能盲目去发展,休闲体育产业的发展也是如此。处于休闲体育产业市场中的体育企业要结合市场发展状况和自身实际制定合理的营销策略,以消费者的需求为出发点,设计出符合大众口味的休闲产品或服务,并做好产品的营销,这样才能促进我国休闲体育产业市场的快速发展。

四、休闲体育产业的营销与发展策略

(一)产品策略

休闲性和娱乐性是休闲体育的重要特征,因此体育企业在设计体育产品时要充分考虑产品的休闲娱乐性和体验性,同时也要将产品的整体性以及社会需求性考虑在内,综合各方面的因素进行设计。这样才能设计出符合市场发展和人们需求的产品。如全球知名高尔夫球具品牌Callaway(卡拉威),就非常注重消费者的需求,他们在充分调查消费者个性特点与需求的基础上为其提供各种优质的产品或服务,从而成为高尔夫运动知名品牌。一提起高尔夫,人们就会想到这一品牌,由此可见,卡拉威的这一品牌营销策略是非常正确的。另外,一些体育用品企业还会提供各种附加产品或服务。例如,许多高尔夫球具生产商提供的球具包都非常精美别致,还赠送一些纪念品,消费者在购买和消费后会获得一定的满足感和成就感,能获得良好的消费体验,从而为体育企业建立了品牌忠诚度。

我们在设计休闲体育产品时要立足于自身的品牌形象,逐步培育品牌竞争力,打造广受大众认可的休闲体育品牌。只有如此,产品才能占领目标消费市场,获得消费者的良好口碑。

为赢得消费者的青睐,一些体育企业在设计体育产品时会采取产品组合策略,根据产品的市场需求情况对产品的宽度、广度、深度等组成不同的组合。总的来说,休闲体育企业所提供的各种产品与服务就属于这样一种策略,通过这个组合策略的利用能为体育企业赢得良好的经济效益,满足广大消费者的个性化需求。如健身俱乐部为广大的健身爱好者提供不同的专业服务;针对特定人群安排不同的健身教练;还有不同种类的会员卡,如年卡、情侣卡、老年卡等。通过这些组合策略的利用,消费者的多样化需求得到了充分的满足,为体育企业带来了良好的经济效益。另外,这样能为顾客提供良好的消费体验,从而积累良好的口碑,树立良好的品牌形象。

(二)价格策略

在休闲体育产业营销中,价格策略是非常重要的一个手段。价格策略一方面决定着市场的供给和需求,另一方面也影响着企业的利润多少以及竞争力的大小。因此,价格策略在营销组合策略中具有非常重要的作用。价格受到产品成本、市场需求、消费者心理等各方面因素的影响,正确认识这些因素能帮助体育企业制定出合理的产品价格。关于体育产品的定价,其方法主要包括成本导向定价法、竞争导向定价法以及需求导向定价法三种。体育企业经营者要根据产业实际情况合理地选择。

(三)分销策略

休闲体育企业生产出产品后,只是一个阶段的结束,而要想实现其产业价值就需要进行一定的营销与推广。在体育产品的营销方面,体育企业一定要大力开拓销售渠道,制定合理的分销策略。如可以采用直接渠道与间接渠道两种途径来宣传与推广体育产品。

对于休闲体育企业而言,其在企业运营的过程中,一定要采取科学的手段与措施控制好渠道成员,并与中间商建立良好的合作关系,不仅如此,还要注意与合作商关系的维护与处理,在出现危机时采取合理的解决办法以应对危机。为了实现预期的营销目标,激发中间商的积极性,体育企业可以根据实际情况采取合理的激励方式,让中间商对本体育企业产生认同感和信任感,这样彼此之间能建立良好的合作关系,从而实现共赢。

休闲体育生产商可以通过各种措施对渠道成员的履约情况、经营水平等进行评估,这能对中间商起到一定的警示作用。评估的内容主要包括渠道成员的管理水平及信用度、销售额和销售增长率、库存水平、对顾客的服务质量、促销活动等。通过评估,分析休闲体育生产商经营中存在的各种问题,然后采取有针对性的措施和手段加以解决。

(四)促销策略

休闲体育企业面临着非常重要的任务,不仅要开发满足人们需求的体育产品,还要根据市场情况制定有吸引力的价格,刺激人们的消费。这就要求企业选择适当的促销手段与方式,如广告、销售促进、推销与公共关系等各种促销组合方式。通过各种促销手段,使目标顾客充分了解产品,激发其购买欲望。

休闲体育产品的促销组合策略主要有推式策略和拉式策略两种。

1. 推式策略

推式策略主要是运用各种推广手段和策略,把体育企业生产的产品推向中间商,再由中间商推向市场。这一策略在体育产业市场中非常常用。总体上来说,这一策略主要适用于目标市场较为集中、流通渠道较短的产品。

2. 拉式策略

广告与招商就属于典型的拉式策略,这一策略在当今体育产业市场中较为常见。具有一定实力的体育企业都非常重视对自身产品或服务的宣传。通过大量的广告宣传,能在一定程度上激发消费者的购买欲望,引导其产生购买行为。需要注意的是,体育企业的产品广告一定要有正确的价值观,保证一定的质量,否则就起不到大的作用,甚至还有可能产生相反的效果。这一策略适合于目标市场需求量大且相对分散、流通环节较多的产品。

需要注意的是,这一组合策略各有优点和缺点,体育企业最好要结合起来使用,以获得良好的促销效果。

总之,休闲体育消费者都有自身的个性和特点,会产生不同的购买行为,因此体育企业要针对不同的消费者选择合适的促销方式。目前,各种促销手段层出不穷,消费者每天都会受到大量的推销广告的"洗礼",如果平时注意一下,就会在小区的电梯间、写字楼电梯入口处等看到各种推销广告。而对于那些服务要求较高的产品则应采取人员销售的方式,通常能收到较好的效果。

综上所述,通过各种各样的促销手段的利用,能有效激发消费者的消费欲望,从而促使其产生真正的购买行为,这非常有利于体育企业扩大市场规律,提高市场占有率,从而获得健康快速的发展。

第七章　发展主流——竞技体育产业与休闲体育产业市场的建设与发展

第三节　体育产业市场发展个案——体育旅游产业市场建设

一、体育旅游的概念

体育旅游是指以观看、欣赏和参与各种体育活动为目的的旅行游览活动。通过对旅游及体育旅游的研究与探讨，我们又可以将体育旅游定义为一种以旅游活动为主要活动形式和载体，来进行的一种体育活动。

体育旅游可以说是"体育"与"旅游"的有机结合，"休闲"和"探险"是体育旅游的关键词。

随着人们生活水平的不断提高，体育旅游业也获得了迅速的发展，越来越多的人投入体育旅游消费之中。目前，我国已初步建立和形成了一个较为丰富的体育旅游体系（图7-1）。体育旅游业的兴起与发展极大地带动了周边其他产业的快速发展。

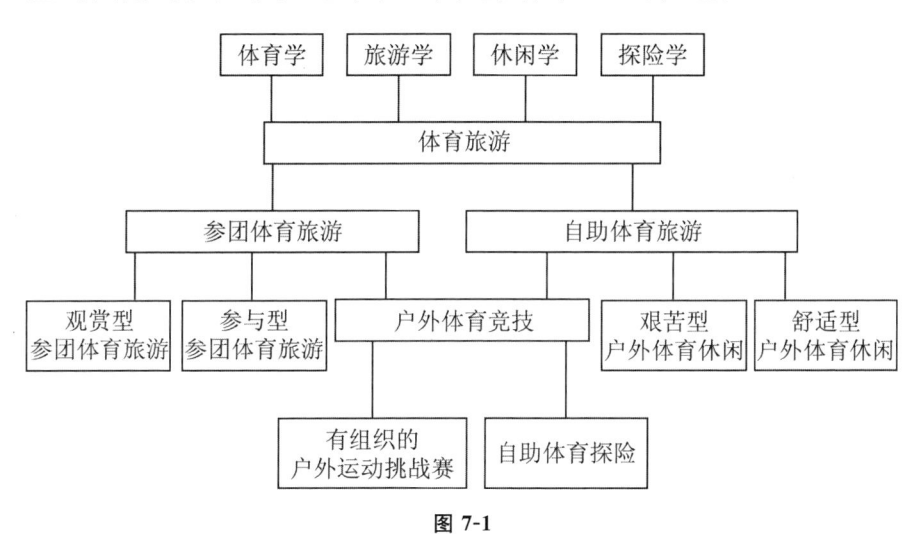

图 7-1

- 197 -

二、体育旅游的特点与类型

(一)体育旅游的特点

体育旅游的特点非常鲜明,主要体现在以下几个方面。

1. 回头率高

传统旅游主要以景区景点的观光为主,当旅游者在参观某一景点后就会失去原来的兴趣,在很长一段时间里不会再参加同样的旅游活动。而体育旅游则不是如此,如果消费者爱好某一体育旅游活动则会反复前来体验,因而回头率较高。如滑雪、高尔夫球等运动就是这样的一种体育活动。

2. 对参与者的技能要求较高

一般来说,传统旅游对参与者的技能要求不高。而体育旅游则恰恰相反,参加体育旅游的人必须要具备一定的身体素质和技术能力,这样才能更好地投身其中,如冲浪、高山探险、攀岩等对参与者的要求非常之高。

3. 风险性较高

一般来说,有很多的体育旅游项目都具有一定的危险性,如登山旅游、滑雪旅游、野营旅游、自驾车旅游、探险旅游等,这些体育旅游活动随时都有可能发生危险。如在前些年四川省发生的一起由一位国内资深山地导游带两名北京客人登山遇雪崩造成两死一伤事件;深圳山地救援队队长在野外误食有毒植物身亡;西欧某国小学生在参加野外生存训练返回途中发生车祸造成多人伤亡;等等。这些事件都说明体育旅游具有较高的风险性特征。造成危险事故的原因主要有自然因素、人为因素和综合因素。虽说有一部分因素是不可抗拒的,但建立一个科学的安全防范体系也是尤为必要的。

4. 消费性较高

与一般的旅游活动相比,体育旅游属于一项高消费活动。这一高消费主要体现在以下几个方面。

(1)消费者在参加体育旅游活动之前要做好充分的调查与准备,首先要了解与掌握关于体育旅游的基本知识,可以通过培训部门的培训,提高自己某一方面的体育运动技能。这些都需要消费者消耗一定的资金。

(2)消费者参加体育旅游活动还要采购一些必要的体育旅游相关装备,如各种专业的服装、器材和设备等,这些设备或服装通常都会花费消费者一部分的费用。

(3)在某些情况下,消费者参与体育旅游活动需要有一定的导游或专职人员,尤其是团队活动时通常会雇佣当地的导游或相关人员,因此需要花费一部分费用。

(4)参与者必须购买意外保险,这又是一笔开支。

5. 体验性较强

人们参加休闲体育旅游主要是投身其中获得直接的身心体验。现代社会是一个休闲社会,也是一个体验经济的社会。休闲体育具有重要的体验性特点,体育旅游企业主要以旅游商品的形式为广大的消费者提供休闲、娱乐和交际等各种服务,非常注重消费者的身心体验,这样能从中获取预期的经济利益。因此说,体育旅游比一般的旅游活动具有更强的体验性。

6. 地域性明显

我国地大物博,有着丰富的体育旅游资源,这些旅游资源都呈现出鲜明的地域差异性,如我国北方冬季的冰雪运动、沿海地区的海上运动、山区的登山运动和沙漠地区的沙漠探险等,都呈现出明显的地域性差异。正因如此才吸引了大量的体育消费者前来参与体育旅游消费。

(二)体育旅游的类型

1. 观光型体育旅游

观光型体育旅游是体育旅游的一个重要类型,消费者通过观看各种体育建筑物、体育景点等,能从中获得愉悦的心理享受。除以上内容外,消费者观看各种体育赛事也属于这一类型。通过观光型的体育旅游活动,旅游地的风俗文化得到了良好的传播与发展,提升了当地旅游地的影响力,同时也丰富了人们的阅历,增进了人们的知识,这充分体现出体育旅游的教育与美育功能。

2. 竞赛型体育旅游

随着竞技体育运动的不断发展,各种类型的体育赛事越来越多,这就促使竞赛型的体育旅游活动获得了快速的发展。竞赛型体育旅游是指人们为了参加某些体育赛事活动,在旅游地逗留一段时间并在比赛之余参加的各种观光活动。如参加奥运会、世界杯等都属于这一类型的体育旅游活动。

3. 休闲度假型体育旅游

休闲度假型体育旅游也是体育旅游活动的一个重要类型,消费者参与这一活动的主要目的在于修养身心,缓解学习、工作或生活的各种压力。通常来说,这一类型的体育旅游活动时间比较固定,一般都在假日进行。随着人们休闲时间的不断增多以及全民健身理念的深入人心,这一类型的体育旅游活动拥有着广阔的发展前景。

4. 健身娱乐型体育旅游

健身娱乐型体育旅游是指以娱乐性的体育健身、疗养、体育康复为主要目的的旅游,如钓鱼、冲浪、骑马等都属于此类活动。

5.拓展型体育旅游

拓展型体育旅游是指结合体育旅游活动的拓展训练的内容和某些活动形式,组织旅游者在各种自然环境和人工环境参与旅游体验的一种形式。拓展型体育旅游的形式比较灵活多变,深受年轻人的欢迎和喜爱。

6.极限型体育旅游

极限型体育旅游是人类向自身生理和心理极限的一种挑战。极限型体育旅游项目的难度非常大,存在较大的风险,没有经过一定培训的人员不宜参加此类活动。这类活动深受喜欢追求刺激的青年人的欢迎和喜爱。

除以上几种体育旅游类型外,社会上还存在其他形式的体育旅游活动,在此就不一一列举了。

三、我国体育旅游产业发展现状

经过很长一段时间的发展,我国体育旅游产业取得了一定的成绩,但欣喜的同时,也应注意到还存在着不少问题。

(一)理论研究较为滞后

随着我国体育旅游产业的不断发展,我国体育旅游产业也出现了各种各样的问题。这些问题集中体现在以下方面:

(1)存在体育旅游资源的可持续开发问题。

(2)体育旅游人才培养和培训方面出现各种问题,需要及时解决。

(3)体育旅游服务质量参差不齐,需要体育旅游管理者加强管理。

(4)缺少体育旅游产业发展的相关政策,没有建立一个完善的体育旅游产业政策体系。

(5)体育旅游基础设施难以满足广大消费者的需要,需要加强基础设施的建设。

(6)体育旅游企业的发展欠缺活力,竞争力不足。

(7)体育旅游市场秩序比较混乱。

(8)体育旅游产业理论研究有待深入。

关于体育旅游产业理论的研究,目前仅仅限于体育旅游者行为与市场、体育旅游资源评价与开发等几个方面,研究的也不够深入和细致。随着体育旅游产业的不断发展,在实践中出现的各种新问题需要运用各种产业理论进行解决,因此一定要重视体育旅游产业理论的研究。

(二)区域体育合作有待改善

为促进我国体育旅游产业的健康快速发展,加强区域间的交流与合作,走区域合作的道路是势在必行的。通过体育旅游企业区域间的交流与合作,能获得最大的经济效益和社会效益。因此,在我国体育旅游产业未来的发展过程中,各体育旅游企业一定要重视区域间的合作,这对于体育企业的长远发展具有重要的影响和意义。

通常情况下,区域体育旅游合作的形态主要有四种,即离散态、聚集态、扩散态和成熟态。离散态属于体育旅游企业发展的初级阶段,在这一阶段,区域合作还未形成;聚集态和扩散态属于体育旅游企业发展的中级形态,在这一阶段,体育旅游企业逐渐形成了体育旅游带的形式;成熟态则是体育旅游企业发展的成熟阶段,在这一阶段形成了一些体育圈,区域间的合作更加密切。

目前,区域合作已成为各个产业发展的重要形态,体育旅游业也是如此。目前我国的体育旅游业还没有建立和形成一个完善的产业空间形态,仅仅只有少数几个体育圈发展势头良好,如"环太湖体育圈""环青海湖民族旅游圈""长三角体育圈""环京津体育旅游圈"等。除此之外,其他方面很难获得有效的发展。导致这一现状的原因主要有以下几点:

第七章　发展主流——竞技体育产业与休闲体育产业市场的建设与发展

第一,各区域体育旅游企业在设计与开发体育旅游产品时比较盲目,缺乏必要的理论作指导,另外区域间的协调与配合也不够;

第二,没有充分发挥区域体育旅游资源的整体优势,没有建立和形成一个完善的体育旅游经营与协作的网络;

第三,缺乏体育旅游产品的推广与营销,缺少影响力较大的体育旅游品牌。

(三)存在"政府失灵"与"市场失灵"的现象

1."政府失灵"

在社会主义市场经济体制下,一切经济活动都要按市场经济规律办事,但是政府在其中也发挥着重要的作用。在体育旅游产业发展的过程中,政府仍然扮演着十分重要的角色。在体育旅游产业发展的初级阶段,为保证体育旅游企业的健康发展,必须要强调政府主导,加强体育旅游企业与政府的协调配合。其中,在总体战略布局、政策建设、市场秩序维护、基础设施建设等方面,政府都发挥着十分关键的作用。政府相关部分要充分运用各种法律、政策、经济等手段规范体育旅游企业的各种行为,为广大的消费者提供良好的产品和服务,塑造良好的体育旅游品牌。在形象塑造、改善体育旅游大环境等方面,政府更是起着无可替代的作用。总之,为促进体育旅游企业的发展,政府应动员各种经济资源和政治资源,为体育旅游企业提供良好的保障,为其打造一个良好的发展环境,这对于我国体育旅游产业的健康发展具有重要的意义。

政府部门在体育旅游产业发展的过程中扮演着十分重要的角色,因此我们要充分利用好政府的优势,加强政府的宏观调控,帮助体育旅游企业加强企业改制和改组工作,建立一个健全的现代企业制度,促使体育旅游企业向集团化方向发展。但目前存在的一个现实问题是,我国体育旅游企业大多采取的是粗放式的管理方式,缺乏有效的政策指导,体育旅游企业间的区域合作不够紧密,这些都严重制约着我国体育旅游产业的健康发展。

综上所述,"政府失灵"是当前我国体育旅游产业普遍存在的问题,需要我国政府部门及体育旅游企业引起高度重视,加强彼此间的协调与配合,力争获得大的发展。

2."市场失灵"

在当今市场经济体制下,体育旅游企业要想获得健康发展,就需要遵循市场经济发展的规律,要结合市场需求设计与开发各种体育旅游产品,以满足广大消费者的需求。但总体而言,在具体的体育旅游市场发展中,我国体育旅游产业还存在一定的"市场失灵"的问题。这突出表现在以下几个方面:

(1)社会成本过高。

受社会各方面因素的影响,我国体育旅游企业普遍面临着较大的压力,存在着一定的危机。为应对这一危机,许多体育旅游企业无视长远发展规划,而采取一些短期行为,如破坏自然环境、损害消费者利益等,这对于我国体育旅游产业的长远发展都是非常不利的。

(2)体育旅游产品同质化、低级化。

体育旅游产业属于重要的第三产业,其发展对于我国社会经济水平的提升具有重要的作用。对于体育旅游企业当地经济发展而言,体育旅游企业能为当地政府带来丰厚的回报。但是为获得一定的经济利益,一些地区会盲目地开发体育旅游项目,为缩减成本,模仿和抄袭体育旅游产品,这些都会导致不良的后果。

(3)体育旅游要素较为缺乏。

物力资源、人力资源和财力资源是体育旅游产业的重要要素,这三个要素的发展将对体育旅游业的发展产生至关重要的影响。据调查,当前我国体育旅游业在发展过程中还存在不少问题,体育旅游要素的缺乏就是其中一个非常重要的方面,具体来说,主要表现在欠缺高素质的经营管理人才、管理理念较为落后

第七章　发展主流——竞技体育产业与休闲体育产业市场的建设与发展

等,这严重制约着我国体育旅游市场的健康发展。

(4)体育与旅游的结合程度相对较低。

体育与旅游活动的结合能形成一定的合力,从而推动旅游市场的发展和完善。但我国的现实情况却是虽然一些地区拥有良好的体育资源,但没有与旅游活动良好结合,没有形成一定的合力,这种各自为战的方式很难实现我国体育旅游产业发展的目标。

(四)形成对"比较优势"的路径依赖

路径依赖可以说是一种制度变迁的自我强化机制,目前我国体育旅游产业发展形成了"比较优势"发展战略的路径依赖,这非常不利于我国体育旅游产业的发展。下面重点分析一下我国东西部区域体育旅游产业的路径依赖问题。

1. 东部体育旅游产业

当前我国东部体育旅游产业主要存在以下几个问题:

(1)体育旅游资源出现空间布局失衡的现象,旅游资源难以形成良好的扩散效应,这不利于区域体育旅游品牌的宣传与推广。

(2)东部地区的体育赛事虽然不少,但缺乏一些优质资源,导致开发价值呈现逐年下滑的趋势。

(3)市场开发与经营管理不善,我国东部地区虽然拥有雄厚的经济实力,但对体育旅游产业的投入还不够,加上不重视体育旅游市场的开发与管理,导致体育旅游产业难以获得健康快速的发展。

(4)体育旅游产品或相关服务缺乏必要的创新。一般来说,大多数的体育旅游产品由于缺乏创新,比较雷同,难以激发广大旅游爱好者的兴趣,无法产生良好的经济效益,不利于体育旅游产业市场的进一步发展。

2. 西部体育旅游产业

在西部大开发战略的影响下,我国西部体育旅游产业获得了比以往更加快速的发展。但总体上来看,西部地区体育旅游产业的发展仍旧处于一个落后的局面,这突出表现在以下几个方面:

(1) 体育旅游资源开发观念落后。

总体上来看,在西部大开发战略背景下,我国西部地区各省市还是比较重视体育旅游业的发展的,也采取了各种措施和手段加强体育旅游资源的挖掘与开发,但由于受传统观念的影响,缺乏体育旅游产品的营销与管理,管理人员的营销技能不高,对体育旅游产品的推广不利,这严重影响着西部地区体育旅游业的发展。

(2) 体育旅游产品结构失衡。

体育旅游产品受地域因素的影响非常大,总体来看,目前我国西部地区的体育旅游产品大多属于观赏型的,结构非常单一。体育旅游企业没有根据当地的地质地貌、水文气候等设计出惊险刺激的体育旅游产品。这一点需要今后加以改进。

(3) 欠缺品牌化建设。

调查发现,当前我国的自然资源与人文资源的联系不够紧密,没有形成一个良好的合力,区域资源优势不是很明显,大多数的区域体育旅游都没有形成一个具有影响力的品牌,这对于我国体育旅游产业的发展是十分不利的,这一点需要引起高度重视。

除此之外,我国体育旅游业还存在其他方面的问题。如缺乏科学的政府引导和多部门协管机制;缺乏体育旅游的规划引导;没有建立一个完善的体育旅游产品体系;体育旅游基础设施严重不足;体育旅游宣传与推广力度不大等。这些都严重制约着我国体育旅游产业的进一步发展。

第七章 发展主流——竞技体育产业与休闲体育产业市场的建设与发展

四、体育旅游市场的开发与管理策略

(一)体育旅游管理体系内容

1. 体育旅游资源管理

体育旅游资源,是指能充分激发消费者的体育旅游动机,能运用于体育旅游产业经营管理,并创造经济价值的各种资源。[①]

我国有着丰富的体育旅游资源(表7-1、表7-2、表7-3),这为人们参加体育旅游活动创造了良好的条件。

表7-1 体育自然旅游资源及体育旅游项目开发

类别	自然资源	体育旅游项目开发
生物类	森林风光、草原景色、珍稀动植物等	野外生存、草原骑游、滑草、狩猎等
水体类	江河、湖泊、溪流、瀑布、海洋等	潜海、滑水、漂流、溯溪、垂钓等
地表类	山地、山峰、峡谷、洞穴、沙滩等	野营、登山、攀岩、洞穴探险、徒步穿越等
大气类	云海、雾海、冰雪、天象胜景等	溜冰、滑雪、攀冰、高山摄影、滑翔伞、滑翔机、热气球等

表7-2 体育人文旅游资源及体育旅游项目开发

类别	人文资源	体育旅游项目开发
历史类	古人类遗址、古建筑、古代伟大工程、古城镇、石窟岩画等	考古探险、徒步穿越、驾车文化溯源等
园林类	特色建筑、长廊、人工花园、假山、人工湖等	野营、野炊、垂钓、划船、定向穿越等

---

① 钟天朗.体育经营管理:理论与实务[M].上海:复旦大学出版社,2004.

续表

类别	人文资源	体育旅游项目开发
宗教类	宗教圣地、宗教建筑、宗教文化等	转山、转庙、登山、徒步文化溯源等
文化娱乐类	动物园、植物园、游乐场所、狩猎场所、文化体育设施等	野营、野炊、狩猎、垂钓、划船、定向穿越、观赏体育赛事等
民族民俗类	民族风情、民族建筑、社会风尚、传统节庆、起居服饰、特种工艺品等	射箭、赛马、摔跤、秋千、推杆、民族歌舞竞赛等

表 7-3 体育活动类旅游资源及体育旅游项目开发

类别	活动类资源	体育旅游项目开发
观赏类	体育场馆、体育赛事	观看奥运会、世界杯、全运会赛事等
竞技类	体育赛事	观赏体育赛事
体验类	所有与体育相关的自然和人文资源	野营野炊和自驾车体育旅游
探险类	高山大川、江河湖海、特殊地形地貌	登极高山、无氧攀登、洞穴探险

在开发体育旅游资源时,一定要遵循经济发展的客观规律,依据当地条件与特色,设计出具有较强吸引力的体育旅游项目,以吸引广大的旅游爱好者前来参与。

2. 体育旅游设施管理

体育旅游设施管理主要包括基础设施与接待设施两个部分。

(1)体育旅游基础设施。包括体育旅游活动配套设施;体育旅游活动器材;体育旅游安全保障设施等内容。

(2)体育旅游接待设施。包括各种公用基础设施,如车站、停车场、银行、医院等。

第七章　发展主流——竞技体育产业与休闲体育产业市场的建设与发展

3. 体育旅游服务管理

为保证体育旅游活动顺利进行而为消费者提供的各种服务称为体育旅游服务。作为体育旅游管理者，一定要非常重视体育旅游服务管理，这将直接关系到体育旅游活动的成败。为实现良好的管理效果，就要时刻加强服务人员的培养和培训，提高他们的综合素质，从而为人们参与体育旅游活动提供良好的服务。

(二)体育旅游市场的开发与规划

1. 体育旅游市场开发与规划的原则

加强体育旅游市场的开发非常重要，这将直接影响到体育旅游业的未来发展前景。在开发体育旅游市场的过程中需要注意以下基本原则：

(1)坚持市场导向原则。

为促进体育旅游产业市场的发展，我们要坚持以市场需求为依据，分析体育旅游者的特点和需求，从而开发出有利于人们参与体育旅游消费的产品或服务。一般情况下，体育旅游者的旅游动机和需求不是一成不变的，而是会发生一定的变化，因此体育旅游管理者要坚持以市场导向为原则，深入细致地分析体育旅游市场的发展情况，从而为体育旅游业的进一步发展提供良好的保障。

(2)坚持环境保护原则。

为追求经济利益，一部分体育企业忽略了环境保护，造成了环境污染问题，从长远来看这一做法是非常不妥的。在体育旅游市场开发的过程中要将资源配置与环境保护充分结合起来进行，制定一个科学的开发体育旅游市场和保护环境的规划，防止自然环境遭到破坏，这样才有利于体育旅游产业的可持续发展。

(3)个性化原则。

在体育旅游开发的过程中，要制定一个个性化的发展规划，这样才能吸引消费者,提高体育旅游产品的竞争力。在开发旅游产品的过程中,要充分挖掘当地的特色,开发出独具地域特色的体育旅游形象,激发人们参与消费的热情。

(4)健康安全原则。

健康安全原则是指体育旅游管理者在开发旅游产品时要将旅游者的安全放在第一位,保证体育旅游消费者能安全地参与体育旅游活动。这一原则非常重要,涉及参与者的人身安全,因此要引起高度重视。

(5)居民参与原则。

在体育旅游活动中,居民是参与的主体,享有旅游市场开发的知情权。作为体育旅游市场开发者,应尊重当地居民的权益,主动为居民提供体育旅游开发的相关信息,加强与居民的沟通与交流,提高居民参与体育运动的参与度和体验感。

(6)系统开发原则。

一般来说,体育旅游市场开发区域的体育旅游资源非常丰富,在开发体育旅游资源的过程中可以集合不同优势的体育旅游资源,提高体育旅游资源在市场中的竞争力。

(7)综合效益原则。

在开发与规划体育旅游市场时,应注重体育旅游资源的价值,注重投入与产出的合理化,从而实现经济效益、社会效益和环境效益的最大化。

2. 体育旅游规划步骤

(1)可行性分析。

重点分析体育旅游市场的发展前景以及开发所得利益等内容,同时还要考虑体育旅游资源的开发力度情况。

(2)收集资料并进行分析。

收集与体育旅游市场相关的各种资料,并进行深刻的研究与分析。

(3)实地考察与调研。

考察区域内的各种体育旅游资源,了解体育旅游资源的分布情况及周边环境情况、民俗情况等,以为制定体育旅游规划奠定必要的基础。

(4)编制体育旅游规划。

根据以上调查与分析所得出的结果确定体育旅游规划,然后根据总规划制定一系列小规划。

(5)评审规划。

委托聘请相关专家组成规划评审小组,评审体育旅游规划的科学性、合理性及可行性,最后给出评审建议。

3. 体育旅游开发与规划的对策

(1)推动体育旅游业态融合。

体育产业与旅游产业都属于我国的新兴产业,二者的结合对于我国经济的增长是非常有帮助的。但是目前二者还未实现真正意义上的融合。因此,应正确认识和把握旅游产业与体育产业融合的本质和规律,积极创新二者融合与发展的手段与策略,设计出吸引消费者的体育旅游产品,创造良好的经济价值。

(2)培育体育旅游规划专业人才。

当前,我国体育旅游市场既缺乏体育旅游学术研究人才,也缺乏体育旅游实践人才。因此加强这方面人才的培养是至关重要的,我们要参考和借鉴发达国家的先进经验,取长补短,结合我国特色培养出一大批高素质的体育旅游产业人才。

(3)开发多元化特色体育旅游产品。

大量的事实表明,多元化的体育旅游产品能满足不同消费者的各种体育旅游需求,同时还能帮助我国建立独具特色的体育旅游品牌,提高旅游企业的影响力,为其带来丰厚的经济利润。

(4)加强体育旅游营销宣传。

加强体育旅游的营销宣传也是推动我国体育旅游市场建设与发展的重要手段。通过各种促销宣传等手段的利用,能激发人们参与消费的热情,提高人们的体育旅游消费水平。

第八章　发展动力——体育产业市场创新与竞争力的提升

体育产业在发展到某一个阶段后,需要更进一步的发展和创新,如观念创新、科技创新、制度创新、服务创新等方面。只有这些方面得到创新与发展了,才能极大地提升体育产业市场的竞争力和影响力,从而获得持续健康的发展。

第一节　体育产业市场的创新驱动机制

体育产业市场要想扩大规模,提高影响力,就需要加强产业市场的发展与创新,建立一个科学的创新驱动机制。一个科学的创新驱动机制主要包括以下几个方面:

一、科技创新

(一)科技创新是体育产业发展的核心动力

随着现代社会的不断发展,科学技术扮演着越来越重要的角色。因此体育产业的发展也要高度重视科技创新,这是推动体育产业快速、持续、健康发展的重要动力源。依托科技创新不断提升体育产业的竞争力,是大势所趋。

(二)科技创新增强体育产业发展的竞争力

任何事物的发展都需要一定的动力,科技创新就是推动体育

第八章 发展动力——体育产业市场创新与竞争力的提升

产业发展的重要动力源泉。在未来的发展中,各体育企业要时刻把握市场发展的脉搏,以消费者的需求为出发点设计与开发创新的体育产品,从而建立市场竞争优势。总的来说,一个体育企业的未来发展前景在很大程度上取决于研发设计能力和科技创新能力。只有加强科技创新,才能不断提高自身品牌的竞争力,从而获得持续健康的发展。

(三)现代信息技术开拓了体育产业发展的空间

在现代社会背景下,信息技术的利用越来越广泛,逐渐成为体育产业创新与发展的重要动力。依托现代信息技术,促进体育产业的信息化、技术化、知识化发展,能有效突破传统信息交流渠道和障碍,进而促进体育产业的健康发展。① 发展到现在,信息技术已逐渐渗透到体育产业的各个层面,推动着体育产业的健康发展。可以说,现代信息技术的利用成为推动体育产业发展的一个重要手段和途径,同时也成为体育产业发展的一个平台,在这一平台之上,体育产业可以获得快速的发展,体育产业拥有了广阔的发展空间。

(四)大数据时代推动了体育科技创新

大量的事实表明,现代信息技术的利用极大地推动了社会的发展。在体育领域,信息技术也成为推动体育产业发展的新的驱动力。如大数据的运用为职业体育俱乐部、体育赛事组织、体育科学研究等提供了诸多便利,利用现代科学技术创造出的各种体育科技产品、体育健身器材等也深深吸引着广大的体育爱好者,促进了体育产业市场的发展。

---

① 陆小成,冯刚,等.体育强国视域下体育产业创新驱动机制研究[J].西南石油大学学报,2016(01).

二、观念创新

(一)改变传统观念,不断学习新知识

在现代社会背景下,体育产业的发展要符合时代的要求,满足大众的体育需求,就要扭转错误的思想观念,将体育事业看作一项重要的事业来对待,真正认识到体育产业对国民经济发展的重要性,认识到体育产业对于丰富国民多样化需求的重要性。为促进体育产业的发展,体育产业从业人员就需要不断地加强体育信息、理论等方面知识的学习,不断丰富自己的知识体系,建立一个先进的体育产业发展的思想体系,这样才能为推动体育产业的发展奠定良好的基础。

(二)树立政府的服务和扶持基本理念

在新的时代背景下,旧有的思想观念已难以适应时代发展的要求,成为体育产业进一步发展的制约因素,因此我们要逐步改变旧有的发展观念和思路,树立新的体育产业发展理念,建立一个以市场经济、社会需求为导向的科学发展体系。在这一体系之下,充分发挥政府部门的作用,优化服务效率,提高服务质量,为体育企业提供良好的制度保障,这样才能充分激发体育企业发展的内在动力,从而实现跨越式发展。

(三)构建大众创业、万众创新的文化空间

在现代社会背景下,我们要始终坚持理念创新,努力构建一个大众创业、万众创新的体育文化空间,不断加大体育产业的投资力度,革新经营与管理模式,这样才能为我国体育产业的发展营造一个良好的发展空间。

三、制度创新

大量的事实表明,没有一个科学的体育制度,体育产业是难以获得健康发展的。因此,我们必须加强制度创新,为体育产业的发展创造一个良好的制度环境。建立新的制度体系,能改变以往不符合时代发展的做法,能充分调动各方面的力量,形成一个良好的生态发展环境,从而为体育产业的发展奠定良好的基础。总的来看,加强制度创新可以从以下三方面做起:

(一)构建产学研合作创新的资源配置机制

为推动体育产业的发展,体育产业从业者可以通过与体育高校、体育研究机构、体育服务组织等部门密切合作,整合各类体育资源,加强合作创新与产业链融合,不断扩大体育产业规模,提高产业创新能力,扩大体育产业规模和影响力,实现体育产业的健康快速发展。

(二)创新体育举国体制

受历史及传统观念等因素的影响,我国的体育产业目前仍旧存在着发展体制不健全、影响力不足等各方面的问题。要想扭转这一局面,促进体育产业的健康发展,首先就要转变思想,加强体育体制的创新。我国体育产业相关部门要积极响应国家的号召,创新特色的体育举国体制,制定体育产业发展的创新驱动机制。在新的发展机制下,要迅速地整合社会资源,努力实现体育产业发展的目标。

在今后体育产业的发展中,我国政府部门要认清当前形势,转变自身职能,释放体育产业发展动力,减少体育产业组织的干预,为体育产业创造一个良好的制度环境,建立科学有效的创新服务机制,这样才能极大地推动体育产业的发展。

（三）创新体育产业人力资源开发机制

在当前全民健身的推动下，每年参与体育消费的群众日益增多，这为体育产业人才的发展创造了广阔的空间。目前，我国健身教练、社区体育指导员等岗位人才都比较欠缺，需要大力挖掘与培养。为培养一大批高素质的体育产业人才，我国政府相关部门要制定一定的优惠政策，引导和鼓励更多的人才进入体育行业，同时还要加强高校教育体制改革，培养新型的体育人才。这样才能为我国体育产业的健康发展奠定良好的人力资源基础。

四、服务创新

发展至今，我国竞技体育获得了快速的发展，很多项目的竞技水平都居于世界前列。虽然我国已成为一个体育大国，但还不是一个体育强国。因为体育强国不仅体现在竞技体育方面，而且在群众体育、学校体育、体育产业等方面都要获得快速的发展，具有一定的发展水准，而我国这几个方面与体育强国相比还存在一定的差距，尤其是体育产业与西方体育强国相比还存在较大的差距。在体育产业之中，体育服务是尤为重要的一方面，这在我国的发展也较为落后。因此，要想推动这方面的发展，就需要加强体育服务创新，创造先进的体育服务业的营销模式和服务组织架构，努力提升体育服务水平，从而为体育产业的发展提供重要的推动力。

（一）构建外部与内部营销的服务创新机制

为促进体育产业的发展，体育企业需要建立一个外部与内部营销的服务创新机制，并且要加强各方面之间的联系，为体育产业营造一个良好的发展环境。建立一个创新的服务机制可以从以下两方面进行。

在体育产业外部营销服务方面，应以顾客导向为基本原则，

第八章 发展动力——体育产业市场创新与竞争力的提升

加强顾客与企业之间的密切联系,完善体育产业的各项服务,努力提升体育产业服务质量,提升体育产业的竞争力。

在体育产业内部营销服务方面,要不断提高员工的服务意识和能力,采取必要的奖惩手段,对于优秀员工要给予必要的奖励,对于不合格的员工要给予必要的处罚。只有从体育产业内部员工入手,才能很好地提升体育产业服务质量,让顾客享受到良好的服务。

(二)构建弘扬民族文化的服务创新机制

加强体育产业的服务创新,也离不开民族传统体育的发展,因为随着现代体育的发展,民族传统体育也成为体育产业经济的重要内容。加强民族体育文化的弘扬与传播对于推动我国体育产业的发展具有重要的意义。

1. 加强保护,防止民族传统体育文化资源的流失和闲置

我国民族众多,但受各方面因素的影响,有很多的民族传统体育资源被忽视、被闲置,甚至随着时间的流逝而逐渐消亡,难以获得继承和发扬。而要扭转这一局面,就要构建一个促进民族体育传播与发展的服务创新机制,不断做好民族体育资源的挖掘与开发,做好民族传统体育的传承与发展。这无疑对我国体育产业的可持续发展是非常有利的。

2. 要加强民族传统体育与其他产业的融合,实现共同发展

在我国体育产业发展的过程中,要加强民族体育与西方体育之间的融合与发展,汲取西方体育文化的先进经验,取长补短,不断提高我国民族传统体育的竞争力,将民族传统体育逐渐融合到现代体育产业之中,创造良好的体育品牌形象,逐渐走上品牌化发展道路,进而实现我国体育产业的国际化发展。

第二节 体育产业市场创新发展思路

要想进一步推动体育产业的发展,除了遵循市场经济发展的规律,按部就班地发展之外,还要加强体育产业市场的创新,促进体育产业市场的健康快速发展。

一、更新发展理念,加快体育产业化进程

体育产业的创新发展不是一件简单的事情,在发展的过程中,首先就要转变旧思想,树立发展的新理念,采取必要的措施和手段提高体育产业发展的产业化水平,将体育产业看作一个重要的经济部门,确立体育产业可持续发展的战略,不断推进体育产业发展的进程。

二、深化体制改革,促进体育产业健康发展

为应对当前体育产业发展的形势,我国体育部门要进一步转变体育职能,建立一个完善的符合时代发展要求的体育产业管理体制,并加强体育产业市场的管理,制定有利于体育产业发展的政策,为体育产业发展创造良好的法制基础,促进体育产业的法制化建设。这是我国体育产业健康、持续发展的重要保证。

三、构建体育产业发展的指标体系

发展至今,体育产业已成为我国国民经济发展的一个经济增长点,体育产业的发展越来越受到重视。体育产业的发展一方面是国民经济增长的需要,另一方面也是其自身发展的需要。因

此,客观评价体育产业发展的现状,制定一个体育产业发展的科学指标体系,对于体育产业的可持续发展具有深远的影响和意义。但是建立的体育产业发展指标既要符合实际,又要有所远见,要有利于体育产业的未来发展。

四、培养一大批优秀的体育产业人才

挖掘与培养体育产业人才也是推动体育产业发展的重要途径和手段,我们可以采取以下措施来培养体育产业人才:第一,在高校中大力开设体育管理专业,培养一批高质量的体育产业经营与管理人才;第二,通过培训班、会议交流等形式加强我国体育高级管理人才的培养。这对于我国体育产业的健康持续发展都有非常大的帮助。

五、发展大型企业,建立优秀的体育品牌,提高体育产品的竞争力

在全球一体化发展的今天,我国政府相关部门要制定一定的扶持政策和制度,鼓励优势体育企业走出国门,走国际化发展道路,借鉴其他国家的发展经验,创立独具特色的产业品牌,进一步提高体育企业的影响力,逐步缩小与发达国家之间的差距,这是一个非常重要的途径,要引起高度重视。

六、加强体育文化产业基地建设形成产业链,以优势企业带动弱势企业

与国外体育产业发达国家相比,我国的体育产业在整体上处于明显的落后局面,但也有一些优势产业门类,如体育产品制造业。因此可以重点优先发展这一方面,要做大做强,形成一定规模,严格按照"一区一圈一带"三个区域发展。在市场经济体制下,企业间有合作有竞争。企业间相互促进,使其优势产业做大

做强,并带动弱势产业发展。[①]

受我国区域经济发展不平衡的影响,我国体育产业结构也存在发展不均衡的现象,而建立一个体育产业基地可以形成良好的体育产业链,以优势产业带动弱势产业,从而推动我国体育产业健康、快速发展。

第三节 体育产业市场竞争力及影响因素分析

体育产业竞争力在一定程度上反映了一个国家的体育产业发展水平,因此建立和形成一个良好的市场竞争机制对体育产业的发展是非常有利的。与发达国家相比,我国的体育产业还处于一个较为落后的局面,存在着很多影响体育产业市场竞争力的要素。因此,对这些要素进行分析是非常有必要的。总体而言,影响和制约体育产业竞争力的因素主要取决于四个方面,即需求要素、资本要素、政府行为要素和相关支持产业要素。这几个方面都直接影响到体育产业的竞争力(图8-1)。

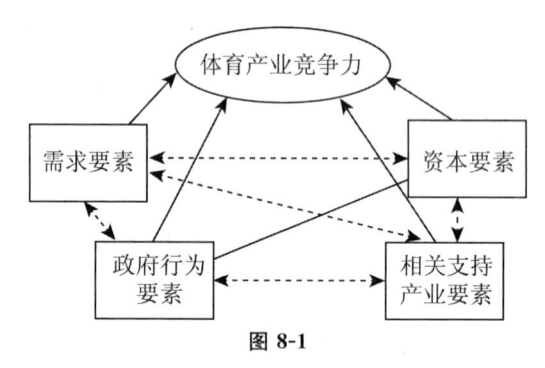

图 8-1

一、需求要素

在体育产业市场发展的过程中,消费需求可以说是体育产业发展的动力源泉,而需求要素则是影响体育产业增长力的基础要

[①] 贾元帅. 新时期山东省体育文化产业创新发展研究[D]. 曲阜师范大学,2017.

第八章 发展动力——体育产业市场创新与竞争力的提升

素。随着人们物质生活的极大丰富,人们开始追求更加多元化的体育消费,不仅仅涉及实用消费层面,服务层次的消费也逐渐增加。这些变化都直接影响着体育产业的需求结构,影响着体育产业的竞争力。一般来说,影响体育产业发展的需求因素主要涵盖以下几个方面:

(一)人均可支配收入与闲暇时间

随着人们生活水平的不断提升,人们对体育消费的需求也越来越多样化和个性化。那些可支配收入高、有闲暇时间的人可以自由选择合适的时间和项目前去现场观看比赛。大量的实践及相关消费理论告诉我们,体育产业的发展不仅依赖于人们的当前收入水平,而且还受到对未来收入预期的影响,因此,居民可支配收入增加的可持续性是体育产业发展的主要动力。[1]

(二)消费者偏好

发展至今,体育产品越来越多样化,为人们提供了可供选择的空间和余地,这也导致体育产业间的竞争力更加激烈。但这也是一种好的现象,在这样的良性竞争环境下,体育产业市场能逐渐壮大,从而获得快速健康的发展。当人们具备了一定的消费能力后,其对同类产品或服务的选择主要取决于消费者的偏好。如他们喜爱某一个体育品牌的衣服,就会长期购买,具有较强的品牌忠诚度。但实际上,需求因素只是体育产业发展的基础条件,不能仅仅依据体育产业市场的需求能力来判断本地区体育产业的发展程度。在今后发展体育产业市场的过程中,我们要将有利的需求条件转化为体育产业发展的动力,加强体育产业市场的创新,创造出迎合消费者口味的体育产品。

---

[1] 李颖. 体育产业竞争力影响要素分析[J]. 河北经贸大学学报(综合版),2013,13(02):85-88.

二、资本要素

大量的事实表明,需求因素是体育产业发展的重要动力源泉,而资本要素是体育产业竞争力影响的关键要素。体育产业的资本要素主要包括以下几个部分:

(一)资金投入

在体育产业发展的过程中,各项活动,如体育比赛场地的建设、体育设备的购置、体育广告的投入等都需要大量的资金,可以说没有充足的资金,各项体育赛事活动是难以顺利进行的。因此,要想推动体育产业市场的建设与发展,就需要不断吸纳社会资金,同时政府也需要提供一定的财政和税收支持,这样才能为体育产业市场的建设提供充足的资金。

(二)人力资本

美国学者朱利安·西蒙(Julian L. Simon)认为,人类发展的"终极资源是人——拥有技术、充满朝气和希望的人"。在体育产业中,推动体育产业发展的重要因素也是人,人力资本要素主要包括运动员、教练员、产业内其他从业人员等,他们是推动体育产业发展的根本动力。

(三)产业文化

体育产业不仅彰显着经济价值,同时还蕴藏着深刻的文化内涵,这一内涵主要是体育物质文化、体育制度文化和体育精神文化的总和。体育产业的文化属性主要体现在具体的体育产品和体育赛事活动之中。随着当今体育产业全球化的进行,体育产业的内涵也越来越丰富。当今丰富多彩的社会为体育文化注入了新的时代气息。可以说,体育经济的发展与社会文化息息相关,二者的结合共同推动着体育产业竞争力的提升,促使体育产业市场日益完善。

(四)产业组织

通过研究体育产业强国发展的历史,我们可以发现,体育产业竞争力的实质是产业组织能力对市场资源科学配置和合理利用的体现,一个良好竞争环境以及健全合理的组织结构能极大地提升体育产业的竞争力,推动体育产业的健康持续发展。

(五)体育科研能力

科研水平将直接影响到体育产业技术的创新,同时也影响着体育产业竞争力的提升。因此说,创新能力对于体育产业市场的发展至关重要。在体育产业发展的过程中,无论是体育产业规划、体育市场开拓,还是体育场馆的设计、体育器材的研发以及运动员的训练等都离不开强大的科研力量。一个国家体育产业综合竞争力的大小也是这个国家体育科研水平的体现。

三、区位因素

区位空间结构理论能很好地反映经济活动的空间集聚程度和规模。在区位空间结构理论下,各项构成要素之间的关系非常紧密,它们是区域经济活动在地理空间上的分布格局及空间组合形式,是区域发展状态的显示器。[①] 产业空间格局的经济性取决于区位资源、社会环境、产业政策等空间基础。区域环境的优劣主要是相对于其他区域而言的,地理位置、环境质量、区域结构和区域差异等方面所显示出的综合优势是动态变化的,自然条件、资金实力、基础设施、行政效能、人口因素、交通运输是形成区位资源优势的基础。区位资源优势与良好的社会环境会促进体育产业的健康发展,并带动其他产业的发展。

---

① 李颖.体育产业竞争力影响要素分析[J].河北经贸大学学报(综合版),2013,13(02).

第四节　体育产业市场竞争力提升的策略

要想推动体育产业的进一步发展,就必须采取各种手段与途径提升体育产业市场的竞争力。在新的时代背景下,可以通过以下策略来提升体育产业的竞争力。

一、不断加大体育产业的扶持力度

体育产业是一个庞大而复杂的系统,这一系统的发展需要各方面的支持,除了政府部门的扶持外,还需要社会力量的加入。在国家、地方部门及各社会力量的扶持下,体育产业市场体系才能逐步完善,从而获得健康发展。在体育产业发展的过程中,必须要有一个支柱性产业作为发展的主力,支柱性产业在整个产业系统中占据着重要的地位,其发展能为其他产业部门的发展起到良好的带头作用。因此,我国政府部门要努力打造体育支柱性产业。

在社会主义现代化建设的今天,我国社会经济水平日益提升,已成为仅次于美国的世界第二大经济体。这就为我国体育产业的发展奠定了良好的经济基础。我国政府部门及体育相关部门要结合当前我国发展的具体形势,在充分调查体育产业市场发展现状的基础上,优先发展一批体育支柱性产业。当前,体育用品业、体育健身娱乐业、竞赛表演业等是体育产业最为重要的组成部分,政府及地方各部门要努力为这些产业部门的发展创造良好的基础和条件,在这些产业部门的带动下促进其他体育产业的发展。

二、提高各类体育产品的核心竞争力

随着现代社会的不断发展,人们的物质生活得到了极大的丰

富,在这样的背景下,商品种类越来越多,在体育领域也是如此。大量产品的出现为人们物质生活的丰富提供了良好的条件,但在人们物质生活得到极大丰富的今天,人们更多的是转向精神方面的需求。体育作为全民健身背景下的重要手段,深受人们的青睐,这就为体育产业的发展营造了良好的群众基础。

通过近些年的发展,我国的体育产业也紧跟时代发展的形势,获得了不错的发展。而要想更进一步促进体育产业市场的发展,进一步提升体育产业市场的竞争力,就需要采取各种手段与措施逐步提高产品的核心竞争力,这是一个非常重要的方面。大量的研究与实践表明,通过各种现代高科技手段的利用,能促使体育产品的生产、品质、销售等得到有效提升。[①] 要想进一步提升我国体育产业的核心竞争力,就要大力发展科技,提高体育产业的科技含量,这是一个非常重要的手段和战略,体育产业各部门要引起高度重视。

三、通过宏观政策促进各地区的均衡发展

当前我国各项事业都存在着区域发展不平衡的问题,体育产业领域也是如此。因此,为扭转这一局面,相关部门要制定有针对性的政策加以解决,如税收倾斜、资金扶持、制定体育产业战略规划等都是有效的策略。要鼓励体育产业发达地区带动落后地区的发展,对经济落后地区要给予"扶贫"扶持,不断拉动体育产业获得良好的运转。为促进落后地区体育产业的发展,要坚决扶持当地的体育用品行业,同时还要加强这些地区的体育基础公共设施建设,力争推动促进各地区的均衡发展。

---

① 曾允菁,张丽花.经济全球化背景下我国体育产业市场竞争力[J].管理观察,2018(02):94-95.

参考文献

[1]江小涓.体育产业的经济学分析:国际经验及中国案例[M].北京:中信出版社,2018.

[2]苏秀华.体育产业经营与管理[M].北京:北京体育大学出版社,2008.

[3]李颖川.体育蓝皮书:中国体育产业发展报告(2019)[M].北京:社会科学文献出版社,2020.

[4]刘远祥.体育产业结构优化研究[M].济南:山东大学出版社,2015.

[5]汪剑."互联网+"背景下中国体育产业发展模式研究[M].北京:经济管理出版社,2019.

[6]江和平,张海潮.中国体育产业发展报告(2008—2010)[M].北京:社会科学文献出版社,2010.

[7]杨铁黎,苏义民.休闲体育产业概论[M].北京:高等教育出版社,2011.

[8]李万来.体育经营管理概论[M].北京:人民体育出版社,2006.

[9]夏正清.体育产业经营管理[M].西安:西安地图出版社,2011.

[10]靳英华.体育经济学[M].北京:高等教育出版社,2011.

[11]钟天朗.体育经营管理:理论与实务[M].上海:复旦大学出版社,2004.

[12]谈群林.体育场馆经营管理实务[M].广州:华南理工大学出版社,2011.

[13]王勇.体育俱乐部经营管理实践[M].北京:中国经济出版社,2015.

[14]张宏,陈华.休闲体育管理[M].北京:中国人民大学出版社,2015.

[15]曹亚东.体育产业经营管理[M].西安:西安交通大学出版社,2015.

[16]谭建湘.体育场馆经营与管理导论[M].北京:高等教育出版社,2014.

[17]卢嘉鑫,张社平.体育产业发展理论与政策[M].北京:北京体育大学出版社,2011.

[18]唐豪,魏农建.中国竞技体育产业市场研究[M].上海:学林出版社,2005.

[19]佟克.我国体育产业发展趋势及对策研究[D].吉林体育学院,2013.

[20]郭晶晶.中国体育产业市场研究——基于SCP范式[D].武汉大学,2012.

[21]杨丽丽.我国体育产业结构现状与优化对策研究[D].上海体育学院,2013.

[22]贾元帅.新时期山东省体育文化产业创新发展研究[D].曲阜师范大学,2017.

[23]赵艳.转型升级背景下体育产业资源整合的动力因素研究[D].武汉体育学院,2015.

[24]董世欣.我国体育产业资源整合模式研究[D].武汉体育学院,2015.

[25]杨俊祥,和金生.知识管理内部驱动力与知识管理动态能力关系研究[J].科学学研究,2013(31):258－265.

[26]陈鹏.中国体育:亚运会后何去何从[J].瞭望(新闻周刊),2010(48):42－43.

[27]马海涛,谢文海.国际大都市体育产业组织路径的经验与启示[J].世界地理研究,2012(21).

[28]王宽.体育经纪服务业运行管理研究[J].经济研究导刊,2017(14):183－184.

［29］陆小成,冯刚,等.体育强国视域下体育产业创新驱动机制研究[J].西南石油大学学报,2016(01):34－38.

［30］李颖.体育产业竞争力影响要素分析[J].河北经贸大学学报(综合版),2013,13(02):85－88.

［31］曾允菁,张丽花.经济全球化背景下我国体育产业市场竞争力[J].管理观察,2018(02):94－95.

［32］张保华,陈慧敏.体育产业的经济属性分析[J].广州体育学院学报,2006(01):29－32.

［33］易剑东.中国体育产业的现状、机遇与挑战[J].武汉体育学院学报,2016(07):5－12.